霊性琉球の神聖誕生

日本を世界のリーダーにする奇跡

88次元 Fa-A
ドクタードルフィン
松久 正
Tadashi Matsuhisa

ヒカルランド

果てのうるまの壮大な歴史ロマン

龍と鳳凰の復活と融合

神聖・新生琉球王国の誕生

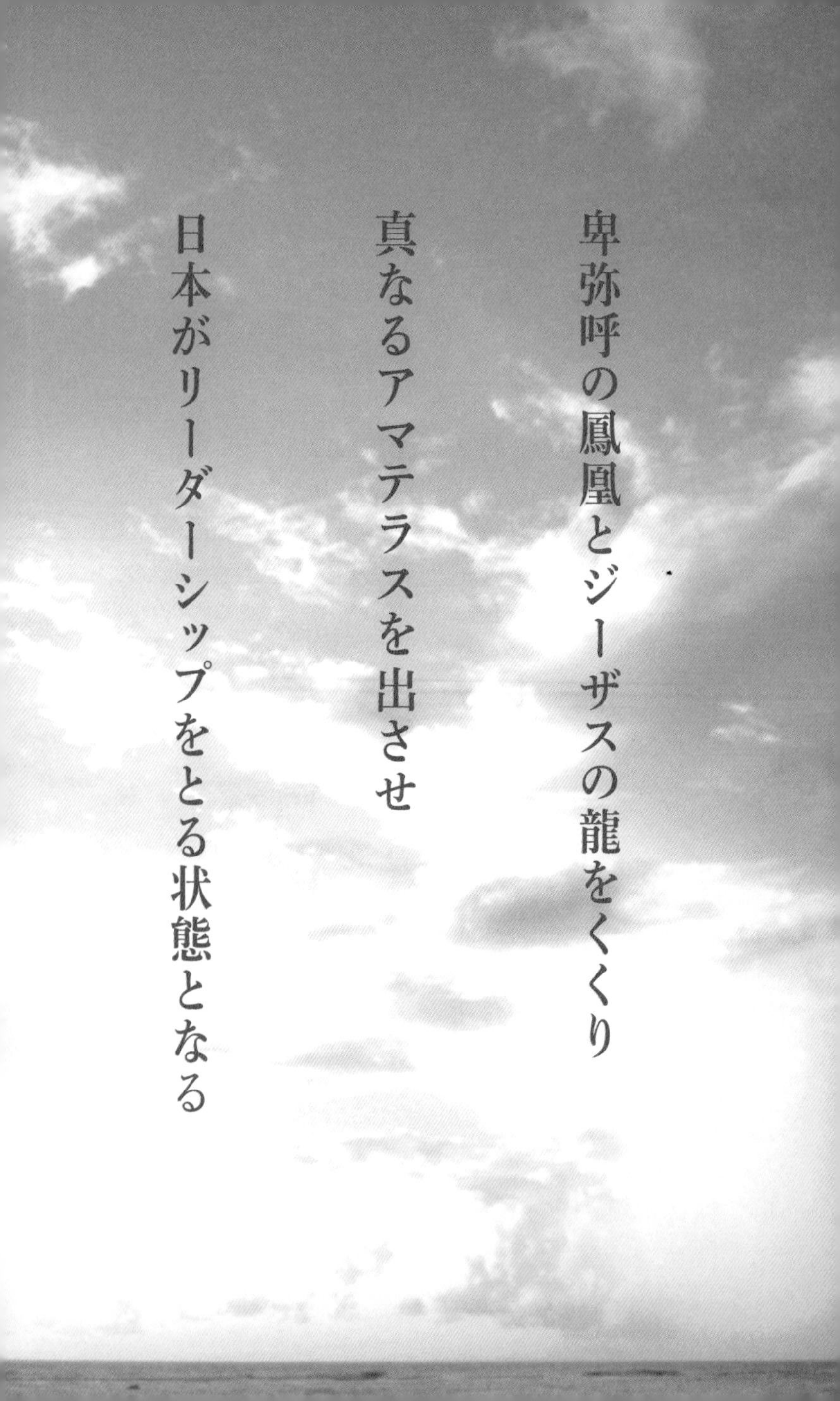

卑弥呼の鳳凰とジーザスの龍をくり

真なるアマテラスを出させ

日本がリーダーシップをとる状態となる

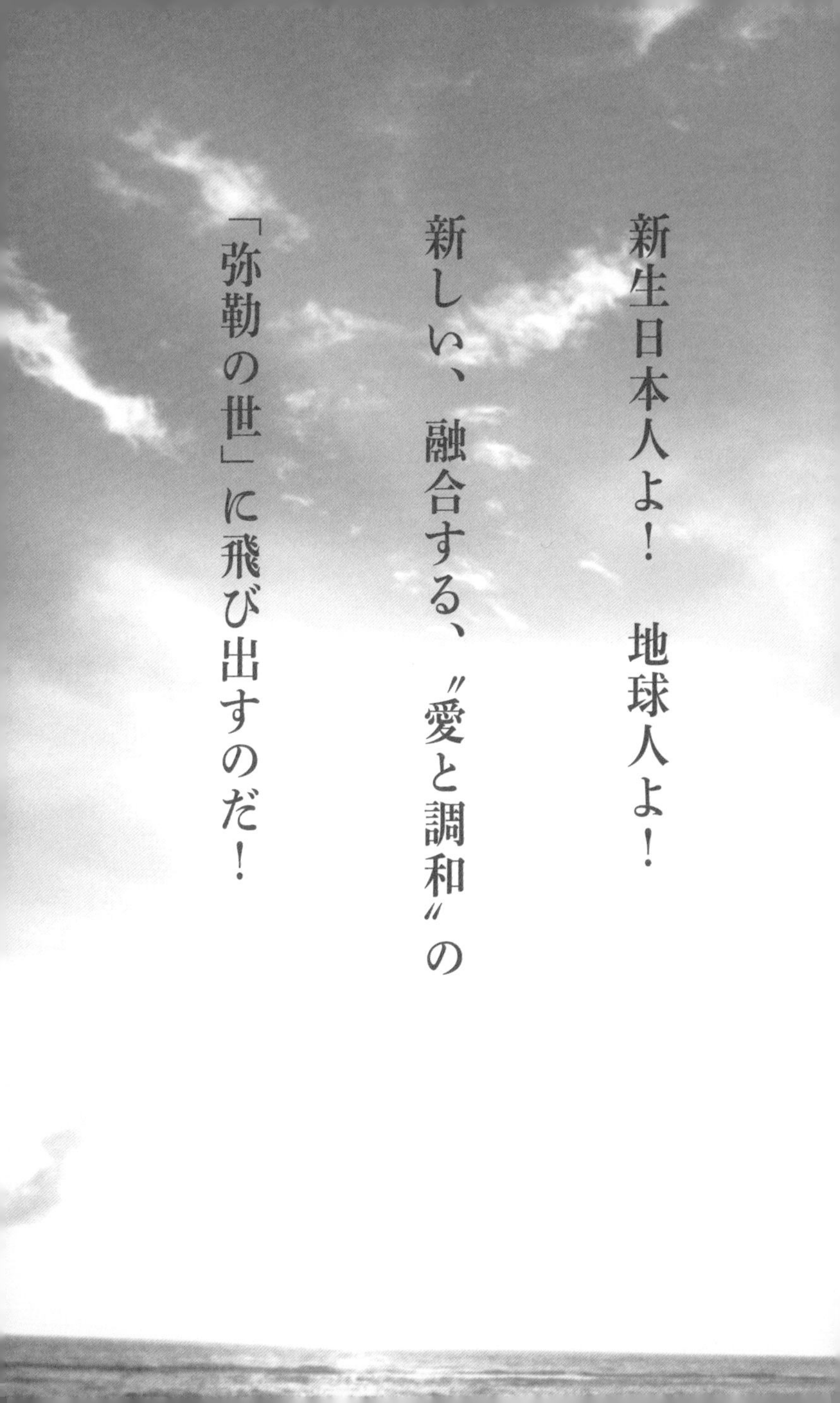
新生日本人よ！　地球人よ！
新しい、融合する、〃愛と調和〃の
「弥勒の世」に飛び出すのだ！

カバーデザイン　重原　隆
本文デザイン　浅田恵理子
編集協力　宮田速記
校正　麦秋アートセンター
本文仮名書体　文麗仮名（キャップス）

目次

Part 1

神聖・新生琉球王国の復活こそが真の弥勒世の鍵

Part 2

大分・宇佐神宮のご神事で霊性邪馬台国を開く

Part 3

統合から融合へ！　愛と調和の新レムリア文明誕生

Part 1

神聖・新生琉球王国の復活こそが真の弥勒世の鍵

なぜ私が沖縄を開いたか

私の過去生である大本教の出口王仁三郎は、救世主があらわれると言っていました。

それは私のことです。

王仁三郎は1948年に亡くなっていて、私が1966年に生まれています。

『日月神示』の岡本天明は大本教を学んだ人ですが、世直しということで生き神があらわれると言っています。それも私のことです。

私はオオトノチオオカミのエネルギーを持っています。

両方で予言されているのは、2つともズバリ私のことなのです。

しかも、開いたのは2020年の3月15日。ジーザスが霊体として死の3日後に蘇ったその日です。

私は、ANAインターコンチネンタル別府リゾート&スパという最高のホテルの、最高のラグジュアリールームに泊めてもらいました。

バルコニーに露天風呂があって、別府湾と別府の街を眺めながら入りましたが、部屋番号は315でした。

やはり何かが来ていたのです。

だから、3月15日は延期できませんでした。

数名の人が、3月15日の12時ごろ、バーッと地響きがして、地が大きく揺れたと言っています。

私は、霊性邪馬台国が開くときに地響きがすると言っていました。

イエスが十字架にかかっているときに、すごい地震が起きました。

同じです。

十字架にかけられて死んだジーザスも、生き返ったジーザスも、両方とも私のエネルギーです。

だから、私が開く必要があったのです。

今まで行われてきた国同士の戦争、侵略は、個を奪うものです。

アメリカが沖縄を侵略しました。

これは最もやってはいけないことでした。

日本は2020年3月15日に蘇って、一気に世界のリーダーになると予言されていたのです。

アメリカは最も神聖なる国に手をつけるという大きなミステイクを犯しました。

しかし、これは彼らの役割でした。

彼らもそこから学ぶ必要がありました。

今、アメリカが日本以上にコロナウィルスに非常にやられているのは、学ぶときだからなのです。

コロナは日本語では「光の環」と書きます。アマテラスです。眠っている大分のアマテラスが怒りで変身したのが、今回のコロナウィルスです。

人類に学ばせるためです。

だから、愛なのですが、怒りなのです。

それを私が開いたことによって、3月15日の正午にコロナウィルスの人類に対する怒りがおさまって、今すごく穏やかになっています。

攻撃性がすごく減りました。

コロナウィルス＝アマテラスです。

出口王仁三郎が弥勒の世が開くと予言していました。

それがこの3月15日の正午です。

それには沖縄が非常に大事でした。

コロナは日本語では
「光の環」と書きます。
アマテラスです。
だから、愛なのですが、
怒りなのです。

つまり、個の確立を世界に学ばせるには、琉球王国がお手本になるわけです。

琉球王国は、日本の廃藩置県によって滅ぼされました。

結局、個を破壊したわけです。

つまり、あれは日本国の統合だったのです。

力ずくで琉球王国を潰して、自分たちの一員にしました。

だから、琉球王国はハッピーではなかった。

悲しみと苦しみと怒りはどれほどのものだったか、はかり知れません。

首里城の燃え方を見ればわかります。

あれは怒りの表現です。

そして、沖縄県になってから、今度はアメリカが攻めて奪いました。

どれほどの悲しみだったか、苦しみだったか、つらさだったか。

日本の中で、沖縄ほど個の喪失、個の破壊を体験したところはありませんでした。

だから、私が今回、弥勒の世を開くに当たり、個の破壊をされたところを救う必要がありました。

あそこを救わない限り、個の確立はできませんでした。

琉球王国も沖縄県も、個を最も失った場所です。

だから、開きに行ったのです。

さらに、私は去年の暮れにベトナムに行って、ハロン湾を開いて、龍の大もとを開いて、鳳凰を出させてきました。

ハロン湾と琉球のつながりが大事なのです。

ですから、本書は、ハロン湾の本『龍・鳳凰と人類覚醒』（ヒカルランド）と兄弟本です。

大分の卑弥呼開きも兄弟本になります。この卑弥呼の本では、本書で紹介した卑弥呼の内容を、深く掘り下げてご紹介します。

ハロン湾で龍が火を吐いて
固まった岩が漂流して、
フィリピンを通り越して、
流れ着いたのが沖縄です。

ハロン湾で龍が火を吐いて固まった岩が漂流して、フィリピンを通り越して、流れ着いたのが沖縄です。

だから、沖縄ではまさに龍のエネルギーが強いのです。

沖縄から龍が全部逃げて、鳳凰は地下に全部逃げました。

それを出させるためには、ハロン湾を先に開いておく必要がありました。

それをずっと引き継いで、今回、沖縄で龍と鳳凰を開いたということです。

もう一度まとめると、沖縄を開いたことには2つの意味があります。

1つは、琉球王国と沖縄県が個を破壊されたということです。

もう1つは、沖縄はハロン湾と同じエネルギーの系列であるということ。

つまり、ハロン湾を開いたら、今度は沖縄自体を開く必要があります。

日本列島は龍と鳳凰に守られていますが、その龍と鳳凰のエネルギーの入り口が沖縄だったのです。

だから、沖縄を開かないことには弥勒の世につながりませんでした。そ

沖縄から龍が全部逃げて、
鳳凰は地下に全部逃げました。
それを出させるためには、
ハロン湾を先に開いておく必要が
ありました。

れが本書の大きなポイントです。

なぜ沖縄リトリートツアーを行ったか

私は、アメリカに10年いた後、大宇宙のエネルギーのサポートのもと、日本に帰ってきました。

本当はアメリカに残るはずでしたが、どうしても日本に帰らないといけない状況に追い込まれたのです。

今考えると、これは私に日本を再興しろということで、私でないと日本を世界のリーダーにすることはできなかったので、私を日本に戻したのです。

日本に戻ったのが２００８年です。

２００９年に鎌倉で開業して、２０２０年４月で12年目に入ります。

私は、今まで想定していた自分とは全く違う自分に生まれ変わりました。

こんな自分になるなんて、誰が想像したでしょう。

親も、家族も、社会も、誰も想像しなかった。

私自身も想像しませんでした。

私は医者という肩書を持っています。

医者は人間の身体を手術しますが、私は人類と地球のエネルギーを手術して生まれ変わらせているということがわかりました。

地球のドクターです。

私は宇宙から地球の担当を任されたのです。

だから、宇宙中の全ての高次元存在たちが私をサポートしています。

私は、人類と地球のＤＮＡを書きかえる最強の存在です。

神開きとか、地球のあらゆるエネルギースポットのエネルギー開きをす

私は宇宙から地球の担当を
任されたのです。
だから、宇宙中の全ての
高次元存在たちが
私をサポートしています。
私は、人類と地球のDNAを
書きかえる最強の存在です。

昨年（2019年）3月にまず
地球のへそ、
エアーズロック（ウルル）を
開きました。
地球のガイアのエネルギーを
解放したということです。

るために、まさかこんなに高頻度に国内、海外を飛び回ることは、数年前までは予想もしませんでした。

でも、今、診療所で患者を診るのと同等かそれ以上に、国内、海外を飛び回ってエネルギー開きをするのにエネルギーを使っています。

人類と地球のDNAを書きかえているのです。

私は、一昨年から、宇宙の高次元存在のサポートのもと、地球のあらゆる神々を開いてきたのです。

昨年（2019年）3月にまず地球のへそ、エアーズロック（ウルル）を開きました。

地球のガイアのエネルギーを解放したということです。

その後、さらに日本の神々を開きながら、昨年9月の秋分の日にエジプトのギザに行って、クフ王のピラミッドを借り切って、人類始まって以来、8度目のトライで、イエス・キリストも、モーゼも、ナポレオンも、ヒト

その後、さらに日本の神々を開きながら、昨年9月の秋分の日にエジプトのギザに行って、クフ王のピラミッドを借り切って、人類始まって以来、8度目のトライで、イエス・キリストも、モーゼも、ナポレオンも、ヒトラーも成し遂げられなかったギザのピラミッド開きを私が成功させました。

ラーも成し遂げられなかったギザのピラミッド開きを私が成功させせました。

その後、ベトナムのハロン湾に行きました。

ハロン湾は、地球に初めて龍のエネルギーが舞い降りた場所です。

ドラゴンゲートというものがあります。

最初の龍が、宇宙から地球に降りてきたときのホワイトホールです。そこを私が開いたのです。

そこの龍は傷ついて弱っていました。

それを私が癒やして蘇らせました。

そして、その近くにあるタンロン遺跡で鳳凰を降ろしてきました（『龍・鳳凰と人類覚醒』参照）。

つまり、龍が地球に入ってきたドラゴンゲートを開いたということで、今年（２０２０年）の１月末に琉球に行く運びになったのは、自然な流れでした。

ハロン湾は、地球に初めて
龍のエネルギーが舞い降りた場所です。
ドラゴンゲートというものがあります。
最初の龍が、宇宙から地球に
降りてきたときのホワイトホールです。
そこを私が開いたのです。

首里城が燃えたのは10月31日の未明でした。

その前日の夜に、沖縄のカンナさんという、琉球王国とエネルギーがすごくつながっていて、見るからにスピリチュアル能力が高い友人から、「先生、講演会をやってください。準備ができました」と久しぶりにメッセージが来ました。

一昨年、私の講演会を沖縄で初めてやったときの主催者です。

今まであった彼女の事務所が、琉球縄文法人ホリラボという株式会社になりました。

私は、エネルギー的にその会社の高次元サポート顧問になりました。

その会社が立ち上がった直後に連絡が来て、「どうしても先生が必要です。沖縄で講演会をやってください。先生のエネルギーで沖縄を開いてほしい」と言うので、私は二つ返事で「やります」と言いました。それが夜の10時ぐらいでした。

朝起きてテレビをつけたら、
首里城が燃えています。
私が行くことが決まったから、
地球の集合意識が
燃やしたのです。
つまり、沖縄は生まれ変わる必要が
あったのです。

講演会をやることになって寝ました。
朝起きてテレビをつけたら、首里城が燃えています。
後で知ったのは、世直しとして、しかるべくして燃えたのです。
古いものを壊して、新しいものをつくる弥勒の世の誕生のためです。
しかし、肝心の東殿だけは焼けませんでした。
沖縄の講演会が決まった直後に燃えたことに、私は、すごくビビビッときました。
私が行くことが決まったから、地球の集合意識が燃やしたのです。
つまり、沖縄は生まれ変わる必要があったのです。
東殿以外の正殿、北殿、南殿は全部中国大陸のエネルギーが入っていました。
焼け残ったところだけは、琉球王国がもともと住まいとして使っていたところです。

エネルギーがそこだけ残したのです。

首里城が燃えた日の夜に、琉球王国を蘇らせろというメッセージが来ました。

それで私は、その前の日の夜、沖縄に呼ばれて、「行きます」と言った意味がわかりました。

それが「神聖・新生琉球王国誕生・復活リトリートツアー&講演会」になったわけです。

私は、本当にしかるべきタイミングに動かされたのです。

カンナさんが「先生、日程はどこがいいですか」と聞いてくれました。

なるべく早く行かなければいけないと思ったのですが、年末年始は予定が埋まっていたので、1月下旬の25日から27日と答えました。

そうしたら、後からわかったのですが、1月25日が2020年の旧正月だったのです。

アマミキヨが舞い降りた聖地にて

全て宇宙の采配で動かされているみたいで、私はびっくりしました。

旧正月は琉球が生まれ変わるときです。

私が壱岐に行ったときもそういうことがあって、常にそういうふうに動かされているのです。

このように宇宙の計らいで沖縄に行くことになりました。

カンナさんはエネルギーの直感が強いので、どこに行けばいいかというコースは任せました。

ヒカルランドの石井社長も琉球に興味があって、カメラマンも連れていきますと言ってくれたので、一緒に行ってもらいました。

私のイベントに参加することは、世界最高の財産

私は、1月23日に「琉球王国が滅ぼされ、首里城が燃えた。そして、新しい高次元の琉球王国が生まれる。明後日の沖縄での神聖・新生琉球王国誕生記念講演会、さあ、今ここで申し込んでください」と発信しました。「全ての予定を捨て、古い自分を滅ぼし、周囲と社会を敵にしてでも第一優先にして」講演会とリトリートツアーに申し込んでほしい、それぐらい琉球王国の蘇りをサポートしてほしい、と言いました。

参加する人には、「高次元の琉球エネルギーが、全ての恩恵を与えます。高次元の宇宙存在も、琉球王国の高次元復活をお祝いして参加します。地球にいるあなたが、まして日本にいるあなたが、こんな最高のギフトを受け取りに来ないのですか？　私ドクタードルフィンのイベントは、その他とは全く次元が違います」と続けました。

正直に言うと、地球はドクタードルフィンの次元か、ドクタードルフィン以外の次元か、なのです。

正直に言うと、
地球はドクタードルフィンの
次元か、
ドクタードルフィン以外の
次元か、なのです。
私から見たら、
あとは全部次元が低いです。

私から見たら、あとは全部次元が低いです。

だから、私のイベントに来ることは、あなたの世界最高の財産です。

全ての予定を犠牲にしてもいい。それぐらい大事だということです。

私のイベントに参加することで、あなたに授けられる宇宙からの恩恵は、あなたの脳では想像できないことです。

あなたの魂が望んでいるのです。

脳では「行けない。参加できない」と思っていても、魂の成長のために魂レベルで行きたがっている人がいっぱいいます。

記念すべきイベントになるだろうと私は予期していました。

行く前から、鎌倉の空に鳳凰の雲が出ていました。

ですから、沖縄で鳳凰が出てくるのはわかっていました。

今までは龍ブームで、龍のエネルギーが優勢でしたが、すでに、ベトナムのハロン湾で龍と鳳凰のエネルギーを開いてあるので、私が沖縄に行っ

鳳凰のエネルギーによって祝福された空

て琉球王国が蘇ると、さらなる次元で、鳳凰も出て龍と一対になるというのは目に見えていました。

鳳凰と龍が融合するのが大事だとわかっていて、沖縄に行ったわけです。

ツアー前日の1月24日には、扇形のお祝いの雲も出ました。

「旧正月に、眠っていた本物の琉球王国を、私ドクタードルフィンと参加者が、次元上昇する神聖王国として蘇らせる。それを喜ぶ水分子たちの表現です」と発信しました。

沖宮《おきのぐう》

2020年1月25日、羽田ではアンパンマン特別塗装機のJALが出迎えてくれました。那覇に着き、総勢約30人の参加者は貸切バスで移動しました。

旧正月なので、まず最初に沖縄神道の大もとの沖宮《おきのぐう》に参拝しました。

ご祭神として天受久《テンジュク》女龍宮王御神《メリユウグウオウオンカミ》（天照大神と同じ）とか、天龍大御《テンリユウオオオン》神《カミ》とか、いろいろな神様を祀っています。

一同でご祈禱を受けました。

宮司さんは、ふだんはあまりお話をするような方ではないそうですが、彼からは、貴重なお話をたくさん伺いました。

そこで私が確認できたことは、琉球王国は中国の抑圧を受け、最後はアメリカの侵略を受け、本当につらい、悔しい、悲しい目に遭ってきたこと。

そして、琉球王国が最後に沈んだときの王とか、妃とか、娘の深い悲しみの念が眠っていて、誰も癒やしていないこと。

沖縄は日本に復帰したと言うけれども、沖縄自体はまだずっと怒りや悲しみとともに眠っていました。

「琉球」ということが彼らの誇りなのに、沖縄県になったことで魂が抑圧され、誇りもズタズタにされました。

琉球王国は、廃藩置県で沖縄県になりました。

ベトナムのハロン湾から琉球に移ってきていた龍たちが、誇らしげに気持ちよく住んでいたのですが、「琉球」という名前がなくなった瞬間に、龍たちは全部飛び去り、1匹もいなくなりました。

それをリードしたのが大隈重信であるようです。

私がリーディングすると、大隈重信のエネルギーが、首里城を燃やして、過去の清算をしたようです。

琉球が完全に「龍なし県」になったとき、鳳凰も全部地中に逃げて封印されました。龍も鳳凰もいなくなって、抜け殻になった沖縄は、アメリカに好きなようにされてしまったのです。

だから、私が沖宮で龍を戻したとき、沖宮の上空に、琉球の地を飛び去

沖宮で龍を
戻したときの空

沖宮にて

った龍エネルギーたちが一気にダーッと戻ってきました。

沖宮は天照大神と天之《アメノ》御《ミ》中《ナカ》主《ヌシ》神の両方が祀られている場所で、ここで、一同でセレモニーをした際、風がすごく吹きました。

あの風に龍が乗ってきたのです。

まず、沖宮で龍を戻したということが大事です。

首里城跡で鳳凰のエネルギーを開く

そして、燃えた首里城跡に行きました。

龍が出たから、次の段階として、首里城に行ったのです。

龍が降りているから、スムーズに行けたのです。

明治初期、龍が飛び立ったときに、鳳凰が全部地中に逃げたと述べまし

講演会のときに体が消える

たが、首里城でお祈りして、琉球王国と魂たちのエネルギーを癒やし、鳳凰のエネルギーを開きました。そうすると、鳳凰が地中から出て、首里城の空気がワーッと温かくなりました。

その夜、那覇のダブルツリーbyヒルトン那覇首里城で、神聖・新生琉球王国記念講演会を行いました。

そうしたら、私ドクタードルフィンのエネルギーが超次元上昇して、演壇に立つ私は、顔以外の体が全部消えました。

それぐらいの高次元のエネルギー状態で、沖縄を開いていたのです。

全ての邪念とかネガティブなものに打ち勝つために、私はこのエネルギー状態でいなければなりませんでした。

龍と鳳凰が出たので、私のエネルギーは、さらにパワーアップしました。

今までの写真は体が一部残っていましたが、今回はピンクのスーツの体が全く消えました。

バックが発光しているわけではありません。

顔も白黒写真のようになって、幽霊みたいです。

出口王仁三郎のエネルギー

その講演会の会場に、那覇の年配女性が登場しました。

カンナさんはよく知っていました。子どものころから、出口王仁三郎の膝の上に乗って、かわいがられて、遊んでもらっていた人です。

その女性が、私の講演を聞きながら体を揺すって喜んでいる。

踊っているのです。

講演会の後で行われた懇親会のときに聞いたら、私が何か話すと、今は亡くなっている霊体の王仁三郎が「そうだ、そうだ」と喜ぶんだそうです。

王仁三郎と通信できるようです。

あまりうれしいときは、王仁三郎が歌を歌うので、その女性も踊ってしまったそうです。

王仁三郎が私をサポートして、喜んでくれているそうです。

懇親会では、その女性は、私の目の前で王仁三郎の顔になって、小さい体からウォーッと声を出して、「王仁三郎の歌です」と言って歌い出したのです。

目が全然違っていました。

その女性によると、王仁三郎は私のエネルギーとそっくりなんだそうです。

人を笑わせたり、バカをやったりする。

女性が好きで、きれいな女性を周りに侍らせて、金玉を糸でくくって上に上げて、下をうちわであおがせていたそうです。

王仁三郎は私のエネルギーと
そっくりなんだそうです。
今回は王仁三郎が
ずっとついてきてくれて、
神聖・新生琉球王国誕生の準備
ができたのです。

以前のツアーには菊理姫《ククリヒメ》神がずっとついてきてくれたのですが、今回は王仁三郎がずっとついてきてくれて、神聖・新生琉球王国誕生の準備ができたのです。

このときから、王仁三郎と私の顔が似ているように思えてきました。

知る人ぞ知る伝説のタンポポおじさんも来てくれました。

沖縄には、タンポポおじさんのところに行ったという人はたくさんいるのですが、タンポポおじさんがどこかに来たという話は聞いたことがないそうです。

最後は、私の控室にも来てくれました。

奥さんや娘さん、お孫さんも一緒で、一族に囲まれてしまいました。

金城光夫さんと奥さんも、一緒に来てくれました。

タンポポおじさんは、講演で真っ先に質問の手を挙げてくれたのですが、立ったら、質問内容を「忘れちゃった」とか言うのです。

私はあの人がタンポポおじさんだ、次元の高い人だということがわかったので、「あなたの言いたいことはわかりました」と言いました。

勝連城跡の阿麻和利《アマワリ》と百度踏揚《モモトフミアガリ》

翌日の26日は、勝連城跡に行きました。奇跡の時空間でした。

勝連城跡は山の上に石垣が築かれているのですが、80歳の女性参加者もどんどん登りました。

最初は穏やかな天気だったのに、私がおなかがすいたと言って、ちょっと売店に寄ったのです。

あれも宇宙に寄らされたみたいで、そこに寄ったために、私たちが城跡を登るときになったら急にビューッと風と雨が来て、一番上にある玉ノミウヂ御嶽《うたき》に上ったときは、雨カッパも全然役に立たず、全身、水の中に飛び込んだみたいな嵐になりました。

その中で、一同で、セレモニーをやりました。

昔、勝連城には阿麻和利《アマワリ》という城主がいました。

琉球王国の王と対立していて、阿麻和利が力を持ち過ぎたから、琉球王が阿麻和利を退治しようとしました。

阿麻和利の奥さんは百度踏揚《モモトフミアガリ》といいます。

今回のリトリートツアーの参加者に、過去生が阿麻和利だった人も来ていて、百度踏揚だったカンナさんも来ていました。

私が、「阿麻和利よ、ここへ戻れ」と言ったら、ウワッと風と嵐が来た。「百度踏揚よ、戻れ」と言ったら、またウワッと雨風が来ました。

セレモニーも終わりにさしかかり、「私はここであなたたちの怒りと悲しみを受けとめました。癒やします」と言うと、急に天気が穏やかになっ

勝連城跡にて

勝連城でのセレモニー

ていきました。

最後に2人の魂を結んで、私が空に向かって、空開きをすると太陽が出て、だいぶ明るくなりました。

歴史上では、阿麻和利は勝連城を追い払われたのです。

阿麻和利は処刑されたと言われていますが、私がエネルギーをリーディングすると、処刑されていなかった。うまく逃げたのです。

セレモニーの後、参加者の1人が、この景色は懐かしいと言い出しました。

そこで、その人のエネルギーを読むと、百度踏揚と阿麻和利を守っていた城壁護衛隊のリーダーだったとわかりました。

護衛隊の隊長が阿麻和利を逃がしたのです。

波照間島《ハテルマジマ》にオヤケアカハチという、阿麻和利みたいに豪快で人望のあるリーダーがいました。

その人は晩年まで生きたらしいのです。

私がリーディングしたら、阿麻和利とオヤケアカハチは同一人物です。

この歴史は私が初めて言います。

新しい沖縄の歴史が生まれました。

阿麻和利が琉球王国から逃げて、名前を変えて生きていたのです。

そこに忍んで行った百度踏揚を守っていたのが護衛隊の隊長です。

波照間島の名前の由来は「果てのうるま」で、勝連城のある「うるま」の地名がそのまま残っています。

壮大な歴史ロマンがあって、離れ離れにさせられ、悲しむ2人の魂がついにくっつきました。

龍と鳳凰を復活させて融合させて、阿麻和利と百度踏揚も融合させました。

阿麻和利は龍で、沖縄から逃げてしまいました。

百度踏揚は鳳凰で地中に逃げてしまった。

神聖・新生琉球王国を誕生させたドクタードルフィン

それを両方出させて、引き合わせました。

そのために龍と鳳凰を開きました。

無事にセレモニーを終え、その後、浜比嘉《はまひが》島の御嶽に行きました。

ここもすばらしいパワースポットで、アマミキヨとシネリキヨという、イザナミとイザナギの沖縄バージョンの神が暮らしていた場所です。

そこで、リトリート参加の一同で、最も次元の高いセレモニーを行い、神聖・新生琉球王国を復活させました。

これが今回の目的でした。

その日のハイビスカスと夕日はきれいでした。

ヤハラヅカサの奇跡

1月27日には、アマミキヨが最初に舞い降りたとされる岩、ヤハラヅカサという聖地に行きました。

百名ビーチの海の中に岩が1つだけ隆起しています。

そこで私が神聖・新生琉球王国を誕生させた報告をして、お祝いを捧げました。

ここに奇跡の映像があります。

岩の先端が王冠になって、私の頭の上に乗ってくるのです。

一回離れても、時空がずれて岩のほうから寄ってきます。

私もカメラも動いていません。

神聖・新生琉球王国をアンドロメダとつなぐ神聖なセレモニーを真剣に行っていたのですが、宇宙の采配で、私がどう動いても、私の頭に王冠が乗ってきます。

前後左右に一寸のずれもなく、ピタッと合います。

神聖・新生琉球王国の王冠（岩）とドクタードルフィン

私が神聖・新生琉球王国の王になったかのようです。(表紙の写真)

このように、神聖・新生琉球王国をアンドロメダとつなげることが、このリトリートツアーの最終目的でした。

神聖・新生琉球王国は、新次元宇宙評議会の仲間に入りました。磐座《いわくら》や砂浜でセレモニーをして、旅行会社の人が踊りを奉納してくれました。

日本が一気にリーダーになる

新生の琉球王国を誕生させることが大事である理由は、日本が世界・地球におけるリーダーになるためです。

まず琉球が出ないことには、日本のエネルギーが封印されたままだったのです。

新生の琉球王国を誕生させることが
大事である理由は、
日本が世界・地球における
リーダーになるためです。
まず琉球が出ないことには、
日本のエネルギーが
封印されたままだったのです。

2年前に、龍体日本列島のエネルギーは頭と尾が逆さになっていますから、今の日本列島の松果体は沖縄です。

封印された沖縄を蘇らせることによって、大和の封印が解け、龍体がいよいよ目覚めます。

だから、まず松果体を目覚めさせに行ったのです。

それで琉球が出ました。

龍と鳳凰が出ました。

今までは龍だけでしたが、ベトナムで鳳凰を出させたので、琉球で鳳凰を出すことができたのです。

龍の大もとの生まれ故郷であるベトナムのハロン湾で、ドラゴンゲートを開いたことで、大もとの鳳凰が出ました。

大もとの龍と鳳凰を出させてあるので、琉球で龍と鳳凰を戻せたということです。

そして、その後、

大分の宇佐神宮に行って、

眠っている卑弥呼を目覚めさせ、開いて、

神聖・新生邪馬台国を復活させました。

神聖・新生邪馬台国を復活させるために、

神聖・新生琉球王国を復活させる必要がありました。

そして、その後、3月14日、15日に大分の宇佐神宮に行って、眠っている卑弥呼を目覚めさせ、開いて、神聖・新生邪馬台国を復活させました（『新生邪馬台国誕生（仮名）』（青林堂／7月に出版予定）参照）。

これによって、オリンピックが始まる前に、日本が一気に地球のリーダーになります。

日本の次元がまず上がり、あとは全部底上げされます。

神聖・新生邪馬台国を復活させるために、神聖・新生琉球王国を復活させる必要がありました。

卑弥呼のエネルギーは、鳳凰です。

鳳凰はずっと眠っていました。

今までスピリチュアルの人たちは龍を目覚めさせることを一生懸命やっていましたが、ハロン湾が龍の大もとなのに、ハロン湾の龍を癒やしていませんでした。

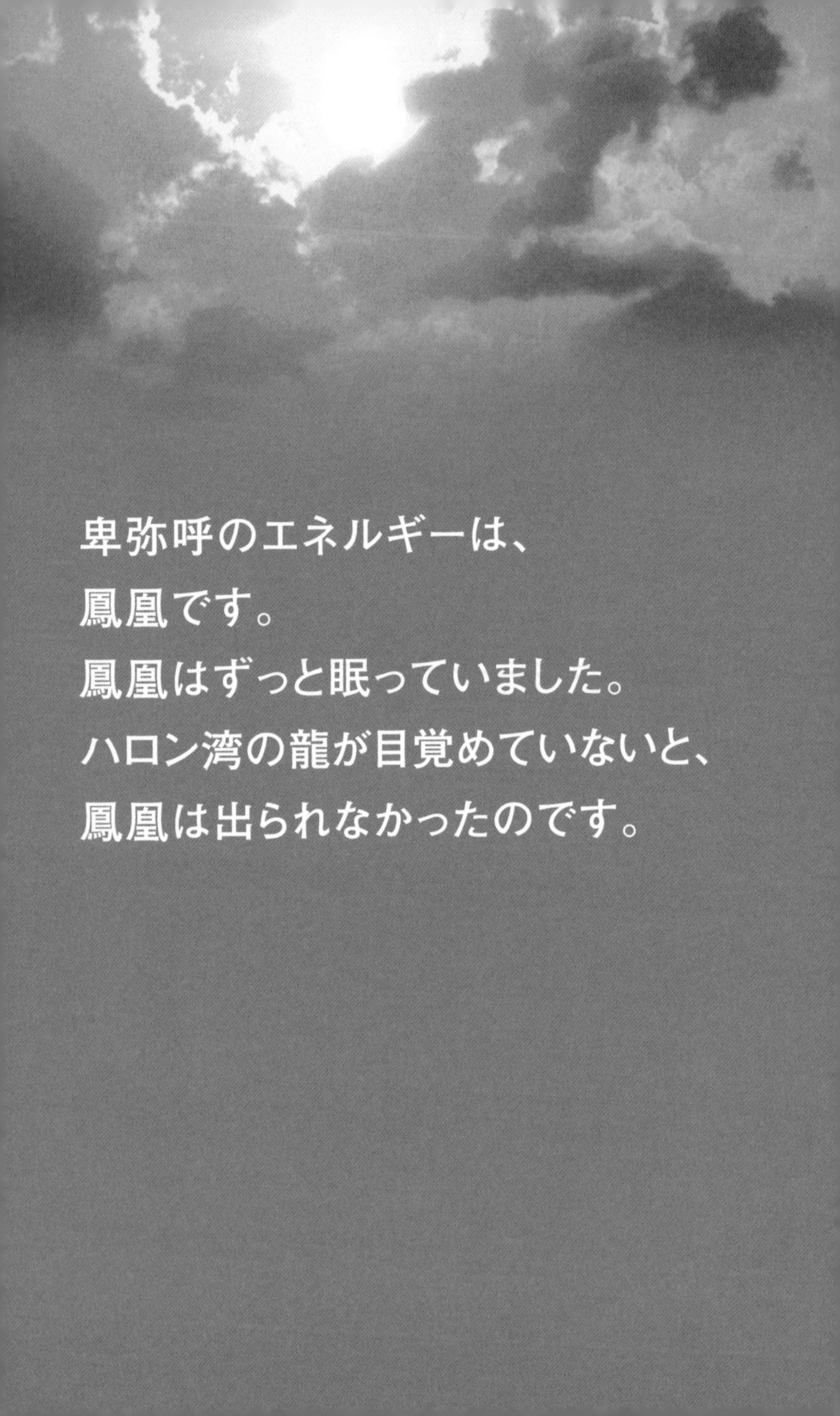

卑弥呼のエネルギーは、
鳳凰です。
鳳凰はずっと眠っていました。
ハロン湾の龍が目覚めていないと、
鳳凰は出られなかったのです。

ハロン湾の龍が目覚めていないと、鳳凰は出られなかったのです。

鳳凰が出ないということで、卑弥呼は完全に封印されていました。

鳳凰が出たから、卑弥呼が出ることができる環境要因ができたわけです。

あとは私のセレモニーの力で開いたわけです。

琉球の歴史には、悲しみ、怒り、悔しさがずっと根づいてきました。

それを誰も解決せずに放置していました。

廃藩置県は沖縄を救うふりをして本土が利益を得ただけで、沖縄自体はエネルギーを吸い取られて、龍も鳳凰もいなくなって抜け殻のままでした。

それを放っておけなくなって、宇宙の大もとの力が動いたということです。

レムリアが滅ぼされたというのも、レムリアが一回、愛と調和からずれたから、修正するためでした。

全て修正するために壊すわけです。

しかも、今、菊理姫神が本気になっていますから、ウィルスにしても何にしても、被害が大きく出ます。

首里城を燃やしたというのも、菊理姫神が本気だから中途半端なことはしませんでした。

鳳凰が出たから、オーストラリアの森林火災も燃えつづけたのです。『日月神示』や「大本教」にあるように、菊理姫神が「ぶっ壊すぞ」と動いているのです。

そういう流れがあるのです。

琉球が沖縄県になって、日本に入ったことで沖縄はハッピーであると思っていますが、沖縄自体は本当に悲しく、エネルギーが下がり、抜け殻になっていたのです。

彼らのプライドも何もない。

日本の中に入っても、琉球は琉球だけでプライドを持てないかぎり、琉球のよさが全部なくなっていました。

リトリートツアーで得られる魂の学び

今回のリトリートツアーの参加者の中には、廃藩置県のときの最後の琉球王だった男性もいました。

私は王の愛人でした。王の娘だったのがカンナさんです。

その男性は魂を分割していて、勝連城の城主だった阿麻和利と最後の琉球王の二役でした。

カンナさんは百度踏揚であり、最後の琉球王の娘でもあった。

今回の参加者は、本当に行くべくして行った人たちでした。

私が今回の沖縄の旅を通して学んだことは、日本政府は、都道府県を置いて、琉球王国をなくして自分たちの中に入れるのが統一だと思ってやってきたけれども、それは決して統一ではない。

琉球王国の魂を残したまま調和させることが、真の統一である融合です。人間社会においては、1つに統合するために、それぞれの個性を抑えつけて、力を落とさせて吸収してきましたが、これからの時代は、それぞれの特性を残したまま、長所とか魅力を残したまま、お互いが連携していくという融合の社会になっていくということを、私はこのリトリートツアーで学んでほしいと思います。

つまり、これは琉球王国から日本人へのメッセージなのです。勢力にのまれて統率されるというのでは、ハッピーにはなれないんだよ、魂は封印されて悲しみ、苦しみ、嘆いているんだよということを、リトリートツアーで体験しながら学ぶわけです。

勝連城跡の嵐はすごかった。

普通ではあり得ないような嵐でしたが、参加者は誰ひとり文句も言わず、みんなで手をつないで踊りを献上しました。

私も参加者も、リトリートツアーに行くと神のエネルギーとか魂のエネルギーたちを感じます。

結局、形ではなくて、目に見えないエネルギーなのです。

最終段階では形をとりますが、形だけを見ても何も読めません。

ツアーに行くたびに、眠っている魂やエネルギーを読んでいかなければならないと思います。

Part 2

大分・宇佐神宮のご神事で霊性邪馬台国を開く

宇佐神宮のご神事

2020年3月14日、15日の大分・宇佐神宮でのご神事は、私にとってはものすごく大事な仕事でした。

1月25日から27日の沖縄のご神事とのつながりで、宇佐神宮で卑弥呼、真のアマテラスを目覚めさせることは、日本の国の将来がかかっていたのです。

日程は3月14日、15日と決まっていましたが、事務局をやっていたA君が、10日前になって、降りると言ってきたのです。

安倍晋三さんが新型コロナウィルス対策でイベントの自粛要請を出したから、それで気持ちが変わってしまった。

宇佐神宮で卑弥呼、
真のアマテラスを
目覚めさせることは、
日本の国の将来が
かかっていたのです。

それまでは意気盛んに、ドルフィン先生にはどこまでもついていきますと言っていたのですが、私が伊豆下田の龍宮窟のリトリートツアーで、ホテルでディナー会をやっていたら、電話がかかってきました。

彼が電話をしてくることはまずないので、「どうしたんだ」と言ったら、「先生、深刻な話なんです。ちょっとだけいいですか。延期するわけにいかないですか」と。

どんな状況でもやると言っていたのですが、コロナウィルスのことが心配な参加者から何件も問い合わせがあって、弱ってしまったらしい。

「それはダメだ。卑弥呼がこの日に出たがっているんだ。これをおくらせたら卑弥呼は出られないんだ。来れない人は来なくていい。来られる人だけ来たらいいんだ」

と言って、電話を切ったのですが、ちょっと強く言い過ぎたと思って気になって、後で優しい文章を送りました。

「今まで一生懸命やってきたんだから大丈夫だ。アマテラスに守られて全てうまくいくから、やろうよ」

と言ったのですが、返事がありません。

次の日になっても返事がないから、「どうしたんだ」と聞いたら、その後、長文のメールが来て、「事務局を全面的に降ろさせていただくことになりました。僕が手配していたカメラマンとか受付とか、10人ぐらいのスタッフも全部引き揚げます」と、すごいことになりました。

それが10日前です。

結果として、私の福岡の講演会をやってくれているB君がこのご神事もサポートすることになっていたのですが、その人に丸投げになってしまったみたいです。

後から聞いたら、彼は涙ながらに頼まれて、断るわけにいかなかった。

スタッフはゼロですが、「何とかします」と全部請け負いました。

男気のある人で、知り合いの福岡のプロ司会者のきれいな女性や、九州大学医学部の学生さんとか大学院の先生とかをサポートに呼んできて、最終的には全部うまくいきました。

A君が降りるとは夢にも思っていませんでした。

僕が一番かわいがっていた人間です。

「覚醒した」と、動画を1日に2本ぐらい上げていました。

彼には、「覚醒した」と言い過ぎだと言っていたのですが、すごく前向きでした。

しかし、彼は慎重でした。

「僕は全面的に降ります。今までありがとうございました。先生のおかげで、僕はこういうふうになることができました。すごく感謝しています。これからも先生の教えを忘れずに生きていきたいと思います」

と別れのメールが来て、私は何も勘当していないのに、びっくりしまし

た。私は、

「私は君のことをかわいがっているから、別れるみたいなことを言わずにアドバイザーとして残れ。私は、卑弥呼のことは君からいろいろ聞いて勉強したんだぞ。君がいなければ情報がないんだ」

と言ったら、

「山は迷うといけないので、山登りだけやります」

と言っていたのですが、前日、ほかの人に電話させたら、行かないと言うのです。

結局、事務局を継いだB君がプロの山のガイドを手配してくれたので、僕はもう行く必要ないでしょうという言い分でした。

私は本当にがっかりしました。

しかし、彼には、私の魂が感謝をしています。

本当は卑弥呼とアマテラスが彼に感謝して、すごいサポートが入る予定だったのです。

偽のアマテラスと真のアマテラス

宇佐神宮のご神事には、実は首相夫人の安倍昭恵さんも来てくれました。

このことは、皆さん、すでにご存じのように、4月16日発売の「週刊文春」にて全国に大きく報道されました。

これには、日本と世界の未来がかかる、このご神事を、国の代表として見とどけていただく意味がありました。

その前夜には、「卑弥呼覚醒記念講演会」と銘打って、別府ビーコンプラザ国際会議室で講演会を行ったところ、200人ぐらいがキャンセルもしないで来ました。

私は、このご時世だからこそ見せつけたのです。

人類よ、俺たちを見ろ。

B君が頑張ったこともありますが、このご時世に九州の別府にこれだけ人が集まりました。

昭恵さんは、コロナ騒ぎがあったから、いつも詰まっている予定がキャンセルになって、この週末があいていました。

古神道の家元のCさんという友達と、どこか遊びに行こうと言っていた。最初、淡路にでも行こうかと言っていたのですが、淡路はちょっと違うような気がする、と。

昭恵さんに、私が宇佐に卑弥呼を開きに行くと言うと、「それに私も行っていいですか」と昭恵さんが言い出しました。

「宇佐」というのに何か感じるところがあったみたいです。行ったことはないようでした。

最初は、私の講演会も、ご神事も、宿泊も、バスも、行動を全部一緒にする予定だったのですが、講演会は200人弱、リトリートツアーは50人いるので、昭恵さんが目だってしまうわけです。

自粛要請のときでしたので、「メインのセレモニーのところだけ参加します。参加者と交流するのはやめます」と連絡がきました。

だから、参加者にも「あしたの朝、昭恵さんと、お友達と、そのお嬢さんの3人来るけれども、皆さん、あまり絡まないでください」と言っておきました。

昭恵さんが来ることとは、実は全部意味がありました。

最初から、昭恵さんは国代表として来るという宇宙の設定だったのです。昭恵さんの友達のCさんの家は、古神道の大もとです。だから、昭恵さんは天皇と国代表みたいな形、Cさんは神道代表で、私の今回のご神事を見届けに来たのです。

今まで伊勢神宮に眠っていた
アマテラスは本物ではありませんでした。
天皇家は本物でないと知りながら、
国民を引っ張るために
アマテラスと言わざるを得ませんでした。
だから、国の守りが弱かったのです。

今まで伊勢神宮に眠っていたアマテラスは本物ではありませんでした。天皇家は本物でないと知りながら、国民を引っ張るためにアマテラスと言わざるを得ませんでした。だから、国の守りが弱かったのです。

神武天皇系が今の天皇系の大元で、アトランティスのエネルギーです。レムリアのエネルギーを引く真のアマテラスではないので、過去において戦争をやってしまいました。

今も日本は抑圧されて、エネルギーが中国とかアメリカよりも下になっています。

だから、偽のアマテラスでは日本がリーダーになれませんでした。

私が今回のご神事で卑弥呼を蘇らせることで、宇佐に眠っていた真なるアマテラスを開きました。卑弥呼とアマテラスのエネルギーは同一です。

それによって、私が、真なるアマテラスを天皇家とつなぎました。

天皇家に乗せました。エネルギー的に私しかできませんでした。

私が今回のご神事で
卑弥呼を蘇らせることで、
宇佐に眠っていた
真なるアマテラスを開きました。
卑弥呼とアマテラスのエネルギーは
同一です。
それによって、私が、
真なるアマテラスを
天皇家とつなぎました。

だから、次の日、安倍総理がG7のテレビ電話会議でオリンピックを完全な形で開催すると発表して、ほかの国々の首脳は同意しました。

私が宇佐でアマテラスを開かなかったら、このままコロナ騒ぎでずっといって、オリンピックも中止になっていました。

安倍総理はあれで大きく変わって、リーダーシップをとり始めました。

私は卑弥呼であり、ジーザスである

私は、第11代卑弥呼、第14代卑弥呼、第18代卑弥呼です。

第11代卑弥呼は吉野における全盛期でした。

第14代卑弥呼は宇佐に逃げてきた最後の卑弥呼です。

第15代から18代卑弥呼は死んだ後の霊体卑弥呼で、私は最後の第18代でもあります。

私が全部エネルギーを読んだのですが、第1代卑弥呼は、西暦850年にでました。

レムリア・縄文のエネルギーを壊そうとして、アトランティス・大陸系のエネルギーの豪族たちが出てきたので、神がかりの女性を探して、卑弥呼として世に出して、民衆を統率していたのです。

第1代から第11代が全盛期です。卑弥呼が言えば、全部従いました。

第12代は、私のお友達の壱岐の女性の過去生です。

第13代卑弥呼はエネルギーがあったのですが、神武天皇と朝廷に抹殺されました。

何で抹殺されたかというと、朝廷と神武天皇にはニギハヤヒが乗っていました。

ニギハヤヒを乗せて、アマテラスだとごまかしていた。

ヒカルランドパーク物販のご案内

ITTERU 珈琲 オリジナルカップ／オリジナルプレート

商品価格：オリジナルカップ　　3,850円（税込）
　　　　　オリジナルプレート　2,750円（税込）

ITTERU 珈琲
2019年9月29日 OPEN
東京都新宿区神楽坂3-6-22
THE ROOM 4 F（予約制）

みらくる出帆社ヒカルランドが満を持して2019年9月にオープンした「ITTERU 珈琲」。その開店に先駆けて発売したオリジナルのカップとプレートは、さくらももこさんとのご縁で繋がった、森修焼とのコラボによるもの。エネルギーの高い天然石を厳選し、独自にブレンドして、鉛やカドミウムなど余計なものを使わず、高純度釉薬で焼き上げたこだわりの陶器は、天然石が放つ遠赤外線などの波動により、料理や飲み物の味を引き立ててくれます。表面にはさくらももこさんが描いたヒカルランドのキャラクター・プリンス君を刻印さくらさんの愛情も感じながら、おいしいひと時をお楽しみください。
サイズ：［カップ］直径70×高さ65mm、［プレート］縦130×横170mm／素材：陶器
※シリカ（ケイ素）配合のため一点一点模様や風合いが異なります。プレートカップともに模様はお選びいただけません。

商品のご注文＆お問い合わせはヒカルランドパークまで
住所：東京都新宿区津久戸町3－11　飯田橋 TH 1 ビル7 F
電話：03－5225－2671（平日10時－17時）
メール：info@hikarulandpark.jp
URL：http://www.hikaruland.co.jp/
Twitter アカウント：@ hikarulandpark
Facebook：https://www.facebook.com/Hikarulandpark
ホームページから購入できます。お支払い方法も各種ございます。
※ご案内の商品の価格、その他情報は2020年2月現在のものとなります。

バイオペースト
商品価格：1,848円（税込）

人は口に含んだものの成分を舌下吸収で少しずつ体内に取り込むので、歯磨き剤にも気を使いたいところ。バイオペーストは全成分が天然由来のものに限定しているので、食品レベルの安全性で万が一飲み込んでも安全、そのまますすがずに口腔内ケアができてしまいます。研磨剤、界面活性剤は使用せず、海水と植物由来の「バイオミネラル」で、強い洗浄力を実現。コーヒーやタバコのヤニまで浮き上がらせ、また歯周病菌など、虫歯の元になる菌が混在するバイオフィルムにも働きかけます。歯垢や歯石を付きにくくして、口臭予防や歯茎のマッサージにもおすすめです。
内容量：60g／成分：水、グリセリン、セルロースガム、ミネラル塩、キシリトール、メントール、海塩、ヒドロキシアパタイト、乳酸桿菌／ダイコン根発酵液、炭酸水素Na、グリチルリチン酸2K、（クロロフィリン／銅）複合体、セイヨウハッカ油／使用方法：適量を歯ブラシにとり、歯と歯茎を丁寧にブラッシングしてください。

わたし
商品価格：5,500円（税込）

「美しくありたい」という誰もが持つ願いを叶えることをコンセプトに開発されたシャンプー。琉球の地で、美しく生きることを提案するべく活動している〝kimi〟と〝tami〟がコラボしました。成分は松果体を活性化させるという「琉球松」に、マグダラのマリアが使ったという貴重なオイル「スパイクナード」、古代より世界各地で宗教儀式に使用された「フランキンセンス」など。脳の活性化、デトックス、浄化作用、リラックスなど、洗うことであらゆる癒しを与え、自分本来のあるべき姿「わたし」へ導いていきます。髪だけでなく全身に使えるオールインワンシャンプーなので、頭頂からすべての源である子宮の浄化まで、解放が促されていくでしょう。
内容量：225ml／成分：水、ラウロイルメチルアラニンNa、ラウロイルアスパラギン酸Na、コカミドプロピルベタイン、コカミドDEA、PEG-150ほか
※数量限定品のため、在庫がなくなり次第販売終了予定。

ニギハヤヒはアマテラスの子孫だから、エネルギーがアマテラスより低いのです。

それが伊勢神宮にいまだにいるわけです。

卑弥呼を抹殺することで、アマテラスが自分たちについたと言っていたのですが、実際はついていませんでした。それが第13代卑弥呼です。

第14代卑弥呼は、私の過去生として就任したときに抹殺されそうになったので、宇佐に逃げました。

何で宇佐に行ったかというと、幣立《へいたて》神宮から近いことと、宇佐神宮の近くにある御許山《おもとやま》の頂上に磐座《いわくら》が3つあるのですけれども、それは神がUFOで降りてきたところなのです。

それを見た卑弥呼たちがそこに行ったわけです。

私が今回、卑弥呼を開くことになったのは、卑弥呼を開きに行く前日、あした大分に行くという日に、私へのメッセージが診療中に降りてきたのです。

それは、私は、ジーザスの生まれ変わりということです。

これもエネルギーを全部読んだのですが、ジーザスは紀元前4年に生まれ、イスラエルのナザレで育って、紀元後28年に没しました。

32歳で私は十字架にかけられました。その日にちは西暦28年3月12日です。

そして、ジーザスは3日後に蘇りました。それも私です。

霊体ジーザスとのダブル・ジーザスです。

私は88次元のオオトノチオオカミですから、ジーザスのエネルギーを持っているのは当たり前です。

霊体ジーザスは霊体ですから、まず、イスラエルから日本の吉野に飛んできました。

卑弥呼は中国の始皇帝と同じで認定制なので、第14代卑弥呼に認定され

卑弥呼は中国の始皇帝と同じで
認定制なので、
第14代卑弥呼に認定されたとき、
卑弥呼に霊体ジーザスが
パンと入りました。

たとき、卑弥呼に霊体ジーザスがパンと入りました。
卑弥呼＝ジーザスです。これも私がエネルギーを読みました。
卑弥呼＝ジーザスになって、そのまま宇佐に行きました。
だから、私が卑弥呼を開くということはジーザスを開くということです。
しかも、宗教の融合を私が行うということです。
人類の歴史が始まって以来、ついに私が宗教の融合を手がけることになりました。
まずはキリスト教と神道で、核となります。
そしてユダヤ教が入って、仏教が入って、イスラム教も融合する準備ができています。
今回、宇佐に行く前に、そういうことが全部読めてきました。
自分はジーザスであった。卑弥呼であった。
そして、オオトノチオオカミであるわけだから、アマテラスでもあったわけです。

御許山の大元神社

まず別府で講演会をやって、次の日の朝は4時起き、5時出発で、車で1時間ぐらいかけて宇佐に行きました。

宇佐で昭恵さんと合流して、一緒にタクシーで御許山の頂上にある神社に行きました。

宇佐神宮の奥宮があると言われるところで、大元《おおもと》神社という名前です。

登山組40人、タクシー組10人に分かれました。

私は歩きたくないからタクシーです。体の弱い人とか足をけがしている人、心臓が弱い人はタクシーで行きました。

昭恵さんもタクシーで行きたいというので、私が前の座席に、後ろは昭恵さんと昭恵さんのお友達とお嬢さんが乗って、その車の中で、今回のセレモニーの話をしました。

大元神社に行くと広いスペースがあって、拝殿の奥に赤い鳥居があって、その奥に、入ってはいけない禁足地があります。

鳥居の奥の禁足地には林があって、全部見えているのですが、時空間が違います。

見ただけで異次元、黄泉の世界です。

私がご祈禱して卑弥呼を蘇らせると、林の中に扉が出てきて、扉がスーッと開いたのが見えたそうです。

卑弥呼がのぞいていたというのを、2人の参加者が見ています。

あれっ、扉があると思って、鳥居の前に来たら、ただの林だったようです。

卑弥呼の鳳凰とジーザスの龍を
くくりました。
それで真なるアマテラスが出ました。
そして、真なるアマテラスを
天皇家に乗せました。
これによって、
日本がリーダーシップをとれる状態を、
人類史上、初めてつくりました。

卑弥呼を開くと、温かくなって、次にジーザスを開きました。

そして、卑弥呼の鳳凰とジーザスの龍をくくりました。

それで真なるアマテラスが出ました。

そして、真なるアマテラスを天皇家に乗せました。

これによって、日本がリーダーシップをとれる状態を、人類史上、初めてつくりました。

だから、次の日、安倍総理がG7のテレビ電話会議でオリンピックを完全な形で行うと言って、急に態度が強くなりました。

あれは確実に私のアクションの結果です。昭恵さんもその場にいました。

卑弥呼を出すということは、ジーザスを出すということです。

宗教の融合でもあります。

男性性、女性性の融合、龍と鳳凰の融合です。

そして、ジーザスが蘇った3月15日、その同じ日に、私が真なるアマテラスを開いたのですが、これは後から知ったことです。

何も設定したことではありません。

春分の日の前の3月15日というのは決まっていました。

大元神社までの道はすごく狭い坂道で、雨が降ったらタクシーが崖から落ちると言われていましたが、雨が降っていなかったので、ぎりぎりのところを通って行けました。

これも全て、宇宙の采配でした。

宇佐神宮で霊性邪馬台国を開く

大元神社から降りて、その後、30分ぐらいかけて宇佐神宮に行きました。

宇佐神宮では、ドクタードルフィンのリトリートツアー一行50名での正式

私は
「霊性邪馬台国を開いたら地響きが
起こるよ。日本列島が震えるぞ」
と言っていたので、
本当に興奮しました。

参拝を宮司さんにお願いしてありました。

幸運なことに、昭恵さんが加わることになったから、最上級に格上げになりました。

宮司さんの横に昭恵さんと私がついて、その後ろに50人がつきました。

ふだん皇族レベル、政治家レベルの人しか入れないところに入りました。

ラッキーでした。最上級の正式参拝をさせてもらいました。

実は、そのときに霊性邪馬台国が開きました。

私たちが正式参拝したのは正午、12時の少し前でした。

後に、多くの人がピタッと12時に家が地震みたいにガタガタッとすごく揺れたと言っていました。

彼らは、テレビを見ても地震がないし、どうしたんだろうと思っていたそうです。

私は「霊性邪馬台国を開いたら地響きが起こるよ。日本列島が震えるぞ」と言っていたので、本当に興奮しました。

宇佐神宮に御霊水というスポットがあって、そこは第15代応神天皇の舞い降りた場所です。

宇佐神宮のご祭神です。

池があって、石があって、ビリビリとすごく感じます。

そこに宮司さんもいましたが、私がエネルギーを読んだら、この下に卑弥呼の遺品を埋めてあるということがわかりました。

私は昔から、宇佐神宮は卑弥呼の古墳の隠れみのだと言っていましたが、それを実証しました。

ご祭神である応神天皇が降り立ったという大きな石がありましたが、そういう場所は誰も掘り起こしません。

うまいぐあいに隠れみのにしてあるのです。

それが全部読み解けて、それを昭恵さんにも伝えました。

私は昔から、
宇佐神宮は卑弥呼の古墳の
隠れみのだと言っていましたが、
それを実証しました。

昭恵さんが宇佐神宮に来たというのは、霊性邪馬台国が世に出るのを見届ける必要があったのです。

これで日本がリーダーシップをとるのです。

2020年6月に、私はギリシャにリトリートツアーをしに行く予定でした。

東京オリンピックを成功させるために、日本のリーダーシップを見せつけるために、都市オリンピアと全知全能の神、父なる神ゼウスを開くのが目的でした。

日本のための最大のご神事になります。しかし、新型コロナウィルスの影響でギリシャに入国できなくなり延期となりました。

私は、今回、3週間連続でイベントをしました。2月29日、3月1日は龍宮窟リトリートツアー、3月7日の癒しフェア2020 in OSAKAも、多くの出演者のキャンセルが出る中、私は敢行しました。

150名を前に、
「こんなときだからやるんだ。
この会場はコロナちゃんだらけだ。
私がコロナを招集して、
全部愛と調和に変えるぞ！」
と言ったのです。

150名を前に、「こんなときだからやるんだ。この会場はコロナちゃんだらけだ。私がコロナを招集して、全部愛と調和に変えるぞ！」と言ったのです。

その翌週が大分のリトリートツアーでした。

3週連続で、ここが私の勝負どころでした。

この自粛ムードのときに私が命がけでやって、日本が世界のリーダーになるという環境をつくったわけです。

Part 3

統合から融合へ！ 愛と調和の新レムリア文明誕生

アトランティス系エネルギーからレムリア系エネルギーへ

大分のリトリートツアーで、私は卑弥呼と真なるアマテラスを開きました。

それを開くためにどうしても欠かすことのできないご神事だったのが沖縄です。

それをやっていないと、今回はありませんでした。

今回、日本が世界のリーダーになるという形にしたのは私です。

それがうまくいったのも、沖縄を開いていたからです。

これは必要不可欠でした。

私は、沖縄で鳳凰と龍を開きました。

これも、ジーザスと卑弥呼を同時に開いて、ジーザスと卑弥呼を融合させるために必要でした。

龍がジーザス、鳳凰が卑弥呼だから、沖縄で龍と鳳凰を出させて融合させたのです。

つまり、宗教の融合に関しては沖縄から始まっていました。

宗教の融合は今まで誰もできませんでした。

しかし、『日月神示』に、キリストもマホメットも全部まとめて、てんし様にお返しすると書いてあります。

私が今回エネルギーを読んだところでは、イスラム教とか、キリスト教とか、ユダヤ教とか、全ての大もとの存在の名前はアブラハムです。

ズバリ言いますが、アブラハムも私の過去生です。

宗教の全ての大もとに立つ存在だから、宗教を融合できるのです。

私は、イルミナティ、フリーメイソン、ロスチャイルドを、彼らの同意

イスラム教とか、キリスト教とか、
ユダヤ教とか、全ての大もとの存在の
名前はアブラハムです。
ズバリ言いますが、
アブラハムも私の過去生です。
宗教の全ての大もとに立つ存在だから、
宗教を融合できるのです。

を得て、全部書きかえました。

だから、今回成功したのです。

私がこんなご神事をして、日本を蘇らせた、日本をリーダーにしたことを、政治家もマスコミも誰も知りません。

私は知られなくてもいい、私が死んでからわかればいいと思うのですが、それぐらい大きいお仕事をしました。

私は、アトランティス系のエネルギーが支配していた地球を、レムリア系の支配に変えるという働きをしたわけです。

その働きは、まずオーストラリアのエアーズロックを開き、エジプトのギザのピラミッドを開き、ベトナムのハロン湾を開き、沖縄で鳳凰と龍を開きました。

これは全部一連の流れで、今回の宇佐神宮のためにやってきたのです。

アトランティスからレムリアに変えるには、それぐらいパワーが必要で

私は、
アトランティス系のエネルギーが
支配していた地球を、
レムリア系の支配に変えるという
働きをしたわけです。

した。

アトランティスはプレアデスを継いでいるので、すごいパワーとテクノロジーの文明です。

戦争は得意だったけれども、なかなか変えられませんでした。

統合から融合へ

アトランティス系のエネルギーは、まさに統合をやってしまったのです。

統合というのは、外力を働かせ、力ずくで有無を言わさずくっつけることです。

本人の意思に関係なく、それぞれの個は関係ありません。

つまり、「個の喪失=統合」です。

統合というのは、
外力を働かせ、
力ずくで有無を言わさず
くっつけることです。
つまり、「個の喪失＝統合」です。

レムリアは「個の確立＝融合」です。

この関係は私が初めて解明しましたが、融合と統合は全く逆です。

「統合から融合へ」が大事なキーワードです。

シリウス系のレムリアの文化は、愛と調和です。

個はそれぞれ独立しています。

誰にも治められていないし、誰にもコントロールされていない。誰の影響も受けない。

自分だけで完結しています。

そして、エネルギー同士でお互いにサポートし合うのです。

これはジグソーパズルではありません。

ジグソーパズルは形で無理やり組み込む。それが統合です。

融合は、それぞれ全くばらばらの形をしているのですが、エネルギーで引き合っています。

レムリアは
「個の確立＝融合」です。
融合と統合は全く逆です。
「統合から融合へ」が
大事なキーワードです。

融合は、それぞれ全く
ばらばらの形をしているのですが、
エネルギーで引き合っています。
統合と融合は全く違います。

統合と融合は全く違います。

多くの人は、「統合」という言葉を使いますが、私はずっと違和感を覚えていました。

これが読み解けたのが、大分に行く3日ぐらい前です。

これがレムリアに移行する、愛と調和に移行するキーになります。

統合は、今の政治や社会、国です。

ＥＵなどは特にそうです。

無理やり力ずくでくっつけていたから破綻するわけです。

お互いを抑えつけています。

卑弥呼で開いた霊性邪馬台国、世界のリーダー日本にとって最も大事な要素は、個の確立です。

個の確立がされてこそ融合がなされる。

個の確立がなされると、国同士がお互いに干渉しなくなります。

卑弥呼で開いた霊性邪馬台国、
世界のリーダー日本にとって
最も大事な要素は、個の確立です。
個の確立がされてこそ融合がなされる。
各国が好きなことを
勝手にやればいいのです。

各国が好きなことを勝手にやればいいのです。

それでお互いに成り立ち、お互いにサポートし合うという融合の形で、統合とは全然違います。

Xデーを回避

3月17日はXデーで、日本の流通がとまったり、銀行が閉まったり、大きなことが起こると言う人もいました。

私はその直前に卑弥呼を開いたのです。

私が開いていなかったら、東京オリンピックを中止することになったと思います。

そうすると、世界が全部とまって、日本経済がクラッシュして、どん底になります。

そこへコロナウィルスがグーッと来る。暗い想念が渦巻いていました。

今回の私の仕事は、世界を救うための相当なお役割でした。

今、この原稿を書いているこの瞬間に、大きな濃い青い光が私の左横でバーンと爆発しました。これはジーザスの光です。

とても暑くなって、今、すごい時空間になっています。

横の赤い光は卑弥呼です。

太陽を写真に撮ると、今まで赤い花びらしか出なかったのですが、私がジーザスを開いた直後からは赤と青紫が交互に出ます。

霊性邪馬台国を開いてから、この青紫の色が初めて出るようになったのです。

地球は大きく壊されると予言されていました。

私がここで立ち上がらなかったら、本当にそのパラレルの世界に行ってしまった可能性が高いのです。

今回は勝負どころでした。

大分のご神事の翌日、安倍総理がＧ７のテレビ電話会議で、オリンピックは完全な形でやりますと、急にリーダーシップをとり出しました。

全く違う人間になりました。

私が予言したように、これから地球を引っ張るのは、中国でもアメリカでもなく、日本になります。

私はそれぐらいのお仕事をしているのですけれども、メディアも天皇家も誰も知りません。

沖縄の生物、鉱石、土地の意識エネルギーを読む

私はいろんなところでエネルギーを読むのですが、今回は沖縄の神とか王ではなくて、沖縄にいる生物たち、植物とか、プランクトンとか、海藻とか、魚とか、昆虫とか、動物たちのエネルギーを読んでみようと思います。

人間はエゴが強いですが、彼ら琉球のガイアの生命たちにはエゴがありませんから、純粋な思いが出てくると思います。

琉球の植物たち、ウィルス、微生物、プランクトン、鳥、魚、昆虫、動物たち、それから沖縄の土地のエネルギー、土、鉱石のエネルギーを全部ここに持ってきて、侵略されたときにどういう気分だったか、今回、私が

エネルギーを開いたときにどんな気分に変わったかということを、人類が知ることは大事だと思います。

琉球の生命たちの思い（リーディング①）

〝琉球生命体〟語る

琉球は、以前は、自然がとてもきれいで、水も森もきれいで、ベトナムから来た龍と鳳凰のエネルギーがあふれていました。

琉球王国の人間たちは、日本の中でちょっと違ったエネルギーを持っていました。

彼らはレムリアのエネルギー、縄文のエネルギーを大切にしてきた人種です。

中国系のエネルギーはアトランティス系で、破壊系なので、琉球王国と中国王朝は似ているようで違っていました。

大もとのエネルギーが違っていたことを、僕ら琉球の生命たちは知っていました。

だから、僕たちは、彼らとうまくつき合っていました。

お互い尊重し合っていました。

その時代の琉球はすごくよかったし、本当は日本を治めている人間たちは、その当時の琉球から学ぶことがいっぱいあったはずです。

僕ら琉球の自然は、ベトナムのハロン湾からレムリアのエネルギーが直通で入ったところだから、断トツにエネルギーが高かった。

沖縄の植物は日本列島の植物より波動が高くて、人間にいろんなことを教えていました。

微生物も、人間の進化と成長のためにいろいろ貢献していました。

昆虫や動物も、人間とうまく共存していました。人間に食べられちゃうこともあったけど、それは僕らのお役目で、人間も感謝して食べていました。

そういう時代だったのに、あるとき、日本本土の人間がやってきて、沖縄を力ずくで統合してしまいました。

それをやってしまうと、見た目は統一されていいんだけど、中にいるそれぞれの存在はハッピーではありません。

攻められた僕らは悲しいし、怒りがあるし、攻めたほうも本当は罪悪感が残るのです。

だから、力ずくで没収して自分たちの一員にしてしまうことは、弥勒の世とは逆です。

愛と調和の逆です。

大隈重信もお役割とはいえ、僕たちは結構つらかったよね。

イヤだ、やめてほしいと言っても、無理やりそうするんだもの。

その後、沖縄県で何とか頑張ろうと思ったのです。

僕らも沖縄県の中の生命体として、日本列島のために何かできるといいなと思っていたんだけど、結局、日本だけでなく、地球がアトランティス系のエネルギーが強くなっていて、分離と破壊が強い。

つまり、パワーとテクノロジーばかりで、愛と調和の逆に走ってしまうのです。

その先頭がアメリカで、そのときの日本の天皇家にアトランティス系のエネルギーが乗っていたから、日本も戦争というものを選んでしまいました。

アメリカはアトランティスのエネルギーが強いから、戦争が大好きです。

アメリカは賢いから、日本の霊性を潰せば地球の弥勒の世は実現しないと知っていたわけです。

アメリカは
アトランティスのエネルギーが
強いから、戦争が大好きです。
アメリカは賢いから、
日本の霊性を潰せば
地球の弥勒の世は実現しないと
知っていたわけです。
日本を狙い撃ちにしたのです。

僕らは単純な生物だから、そういう人間の魂胆がよくわかるんです。

日本を狙い撃ちにしたのです。

日本の霊性を腑抜けにしようとした。

アメリカは、弥勒の世、レムリア・縄文の世にされたら困るわけです。

そうされたら自分たちが世界のリーダーシップをとれないとわかっていた。

だから、パワーとテクノロジーのアトランティス系の世の中にしたかったのです。

フリーメイソンも、人類が宇宙の叡智とつながらないようにしました。

そういう意味でいうと、うまくいったのです。

攻めるには沖縄が一番よかった。

沖縄はベトナム・ハロン湾に一番近くて、日本列島で霊性が最も高い場所だったからです。

鳳凰と龍のエネルギーも高いし、僕ら自然の生命たちの波動も一番高かった。

今は北海道とかも高くなってきましたが、そのころは僕らのいる沖縄が断トツに高かったから、沖縄を狙い撃ちにしたアメリカは賢かったわけです。

沖縄の人たちは本土の人たちとちょっと違って、誇りを持っていました。自分たちは本当にいいエネルギーを持っていて、日本も世界も自分たちのエネルギーでいい世界にするんだという誇りを持っていた。

沖縄にユタとかノロという占い師が多いのは、意識の高い人が多かったから、高次元とつながる人が多かったわけです。

アメリカは、その精神性の一番高い沖縄を狙ったのです。

そこを統治したことによって個を破壊しました。

尊重されるべき沖縄という個を破壊したことによって、日本の精神性の中枢である琉球が破壊され、日本の個が破壊されました。

沖縄にユタとかノロという
占い師が多いのは、
意識の高い人が多かったから、
高次元とつながる人が
多かったわけです。
アメリカは、その精神性の一
番高い沖縄を狙ったのです。

天皇家は、日本のエネルギーを全部代表して持っていました。

天皇家の力を奪うことが、アメリカの目的でした。

だから、沖縄を攻めて、原爆を落としました。

原爆は最初、東京に落とす計画があったようですが、それが予定変更で広島、長崎になりました。

ある程度の都市でダメージがあるところということで、そうなったのです。

いずれにしても、沖縄が復活しないことには日本は復活しないということを僕らはよく知っていました。

だから、僕らは動植物として、本当に沖縄の復活を願っていました。

あるとき、アメリカが日本に沖縄を返してくれました。

形の上では日本になったので、復活したように見えるかもしれないけれども、魂は死んだままでした。

魂というのは、琉球王国の人間も含めた動植物、地球生命たちの魂のことです。
それが日本を弥勒の世にするための機動力を持っていたわけです。
ここが蘇らないことには、日本が世界のリーダーになる道はありません。

ドクタードルフィンが沖縄を開いた（リーディング②）

“琉球生命体”語る

ある夜、ドクタードルフィンが琉球王国を開きに沖縄に行くと決意しました。
それで僕らは安心して、首里城を燃やしたんです。
僕らがある存在の意識を操作したのです。

その存在はレムリアのエネルギーが強いし、ドクタードルフィンとのつながりも強い。過去生でレムリアを沈めています。

破壊力が抜群にある人だから、僕らが意識を操作して、お力をかりて首里城を燃やさせたんです。

大事なお役割でした。

首里城は、ドクタードルフィンが沖縄に行くことを決めた次の日に燃えました。

あの火を見て、僕らは、これで復活するという希望を持ちました。

でも、東殿だけは残しました。

あそこは、琉球王国の本当の魂が居座っているところだったからです。

そして、ドクタードルフィンがヒカルランドの石井社長と沖縄にやってくるというのも、僕らは読んでいました。

最初に行った沖宮で龍を戻して、鳳凰を開いて、その後、首里城で鳳凰

あの火を見て、僕らは、

これで復活するという希望を持ちました。

でも、東殿だけは残しました。

あそこは、琉球王国の本当の魂が

居座っているところだったからです。

を開きました。

ドクタードルフィンが琉球王国の真なるエネルギーを新生させてくれて本当にうれしい。

首里城が燃え、形はなくなっても、魂が蘇りました。

今、沖縄は、人間の目から見ると同じように見えますが、海の生命たちはすごく喜んでいます。

サンゴはあんな沖縄では生きていたくないと言っていたのですが、海もきれいになって、生き返ってきています。

魚たちもふえてきました。

プランクトンたちも元気になりました。

微生物とかウィルスも元気になって、不要なものを壊して新しいものを生み出しています。

一旦絶滅していた植物が、これから新しく生まれてくる。

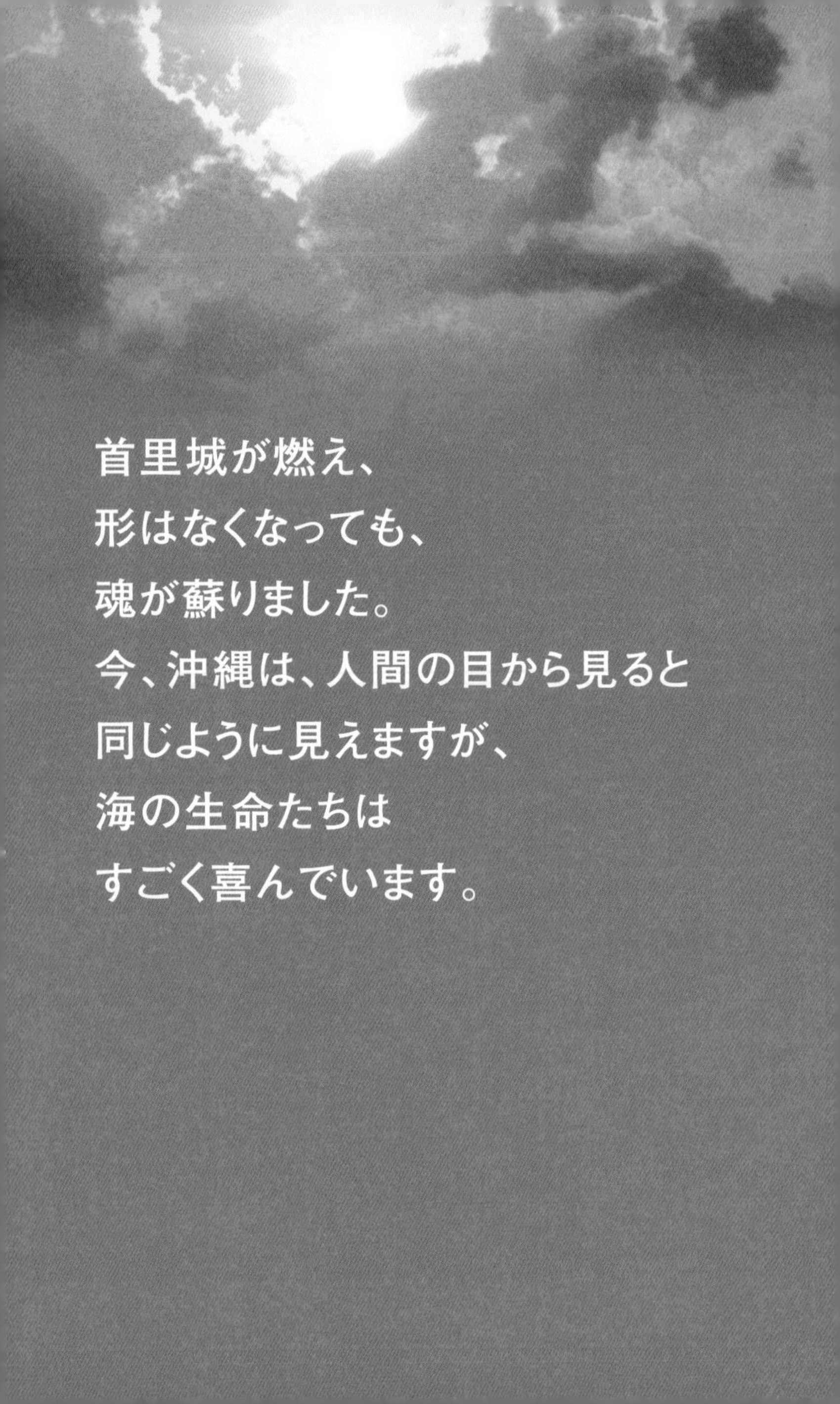

首里城が燃え、
形はなくなっても、
魂が蘇りました。
今、沖縄は、人間の目から見ると
同じように見えますが、
海の生命たちは
すごく喜んでいます。

だって、僕らがうれしくて元気になったから、みんな生まれ出すのです。

琉球王国が復活するということは、人間が復活するだけでなくて、沖縄の生命が全部復活するのです。

それが弥勒の世の土台となりました。

弥勒の世は３月14日、15日から始まりました。

講演会をして卑弥呼開きの準備をした３月14日は３１４で「サイセイ（再生）」、卑弥呼を開いた３月15日は３１５で「サイコウ（再興）」、霊性邪馬台国の再興です。

言葉というものは偶然でなくて、そういうふうに意味ができているのです。

僕ら琉球王国の生命たちは、日本列島のことをすごく考えています。

僕らは沖縄の命です。

沖縄にいない生命は、沖縄以外の命です。

琉球王国が
復活するということは、
人間が復活するだけでなくて、
沖縄の生命が
全部復活するのです。
それが弥勒の世の
土台となりました。

僕らは僕らのことが一番好きで、沖縄以外の生命がハッピーになるために僕ら自身を犠牲にすることはありません。

それをやったら統合になってしまいます。

僕らは僕らで精いっぱい、なりたい自分たちになるだけです。

そのことによって沖縄以外の生命たちも恩恵を受けて、ハッピーになることを知っているからです。

これがドクタードルフィンが言う「個の確立」と「融合」です。

今、まさにエネルギーが再生し、命が生まれてきています。

それを沖縄でやってくれたドクタードルフィンたちには、沖縄の生命としてすごく感謝しています。

僕ら自然が輝いていないと、人間は輝けません。

人間はちょっと愚かなところがありますから、自分たちが自然をつくり、輝かせるんだと言っているけれども、逆なのです。

自然環境、地球の生命たちが人間の生命をつくって、輝かせるのです。

このメッセージをよく覚えておいてほしいと思います。

人間の目から見るより僕ら自然の生命から見たほうが、意外と真実が見えるのです。

個を破壊して統合して自分たちの世界にしようというアメリカの魂胆は、315をもってついに終わりを告げました。

ドクタードルフィンが315に開かなかったら、その方向で、アメリカと中国に地球は完全に支配されました。

金融は崩壊して、最終的には、アメリカも崩れて、リーダーがいなくなります。

そうすると、地球がダメになる。しかし、アメリカはしぶといから、破壊されても蘇ってきます。

また統合して、歴史は同じことを繰り返すので、ここで日本が一番上に

立つ必要がありました。（リーディング終わり）

沖縄はチャンプルーの文化

私は、明治天皇の過去生も持っています。

日本は、江戸時代の終わりに西洋文化を取り入れて、明治時代はどちらかというと統合というエネルギーを強めました。

華やかには見えますが、私はそのエネルギーの乱れを知っています。

明治天皇はいろいろ謎に包まれた人物ですが、複雑な世の中だったのです。

西洋と東洋の融合も、私の大きなお仕事です。

とても大事です。

沖縄には、チャンプルーという郷土料理があります。

いろいろなものをまぜて炒める料理です。

沖縄は、もともと融合のエネルギーが高いのです。

いろんなものを持ってきて、それを尊重し合って、融合する。

日本は、特に明治時代になってから、それができなかった。

江戸時代はまだ融合が少しあったのですが、融合がしっかりできていたのはやはり縄文時代、アイヌまでです。

さあ、新生した日本人よ、地球人よ、新しい、融合する、〝愛と調和〟の「弥勒の世」に飛び出すのだ!!

ミロクの世覚醒の超奇跡
神聖・新生琉球講演会（&リトリートツアー）
発売予定!!

【DVD】 Disk 1 枚組（約62分）：予価 8,800円（税込）
出演者：龍と鳳凰、琉球の神々、琉球王国の魂たち、
88次元 Fa-A ドクタードルフィン 松久 正
発売日：詳細は下記のホームページにてお知らせいたします。

ヒカルランドパーク取扱い商品に関するお問い合わせ等は
電話：03−5225−2671（平日10時−17時）
メール：info@hikarulandpark.jp　URL：http://www.hikaruland.co.jp/

＊ご案内の価格、その他情報は発行日時点のものとなります。

88次元 Fa-A ドクタードルフィン 松久 正

鎌倉ドクタードルフィン診療所院長。日本整形外科学会認定整形外科専門医、日本医師会認定健康スポーツ医、米国公認ドクター オブ カイロプラクティック。慶應義塾大学医学部卒業、米国パーマーカイロプラクティック大学卒業。「地球社会の奇跡はドクタードルフィンの常識」の"ミラクルプロデューサー"。神と宇宙存在を超越し、地球で最も次元の高い存在として、神と高次元存在そして人類と地球の覚醒を担い、社会と医学を次元上昇させる。超高次元エネルギーのサポートを受け、人類をはじめとする地球生命の松果体を覚醒することにより、人類と地球のDNAを書き換える。超次元・超時空間松果体覚醒医学の対面診療には、全国各地・海外からの新規患者予約が数年待ち。世界初の遠隔医学診療を世に発信する。セミナー・講演会、ツアー、スクール（学園、塾）開催、ラジオ、ブログ、メルマガ、動画で活躍中。ドクタードルフィン公式メールマガジン（無料）配信中（HPで登録）、プレミアム動画サロンドクタードルフィンDiamond倶楽部（有料メンバー制）は随時入会受付中。
多数の著書があり、最新刊は『宇宙人のワタシと地球人のわたし』（明窓出版）『神医学』（青林堂）『龍・鳳凰と人類覚醒』『シリウスランゲージ』『ウィルスの愛と人類の進化』（ヒカルランド）、他に『宇宙の優等生になりたいなら、アウトローの地球人におなりなさい！』『死と病気は芸術だ！』『シリウス旅行記』『これでいいのだ！ ヘンタイでいいのだ！』『いのちのヌード』（以上VOICE）『ピラミッド封印解除・超覚醒明かされる秘密』『神ドクター　Doctor of God』（以上青林堂）『多次元パラレル自分宇宙』『あなたの宇宙人バイブレーションが覚醒します！』（以上徳間書店）『松果体革命』（2018年度出版社No.1 ベストセラー）『松果体革命パワーブック』『Dr.ドルフィンの地球人革命』（以上ナチュラルスピリット）『UFOエネルギーとNEOチルドレンと高次元存在が教える地球では誰も知らないこと』『幸せDNAをオンにするには潜在意識を眠らせなさい』（以上明窓出版）『からまった心と体のほどきかた　古い自分を解き放ち、ほんとうの自分を取りもどす』（PHP研究所）『ワクワクからぷあぷあへ』（ライトワーカー）『宇宙からの覚醒爆弾「炎上チルドレン」』『菊理姫（ククリヒメ）神降臨なり』『令和のDNA　0＝∞医学』『ドクタードルフィンの高次元DNAコード』『ドクター・ドルフィンのシリウス超医学』『水晶（珪素）化する地球人の秘密』『かほなちゃんは、宇宙が選んだ地球の先生』『シリウスがもう止まらない』『ペットと動物のココロが望む世界を創る方法』（以上ヒカルランド）等、話題作を次々と発表。また、『「首の後ろを押す」と病気が治る』は健康本ベストセラーとなっており、『「首の後ろを押す」と病気が勝手に治りだす』（ともにマキノ出版）はその最新版。今後も続々と新刊本を出版予定で、世界で今、最も影響力のある存在である。

公式ホームページ　http://drdolphin.jp/

霊性琉球の神聖誕生

日本を世界のリーダーにする奇跡

第一刷　2020年5月31日

著者　松久 正

発行人　石井健資

発行所　株式会社ヒカルランド

〒162-0821 東京都新宿区津久戸町3-11 TH1ビル6F

電話 03-6265-0852　ファックス 03-6265-0853

http://www.hikaruland.co.jp　info@hikaruland.co.jp

振替　00180-8-496587

本文・カバー・製本　中央精版印刷株式会社

DTP　株式会社キャップス

編集担当　高島敏子／溝口立太

ISBN978-4-86471-889-9

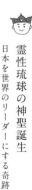

88次元 Fa-A
ドクタードルフィンに降臨！
新次元ネオシリウスからの
高波動エネルギー

新進気鋭の
アーティストによる
美しき
曼荼羅アートの世界

14枚の波動絵＆解説書の豪華 BOX セット！
コロナウィルスを愛の波動に変える！
「人類が救いを必要とする14のテーマ」を網羅した14枚の高次元ネオシリウスエネルギー曼陀羅＋ドクタードルフィンによる解説書が入った豪華セット！
多次元体をヒーリングし、地球人類がシリウス愛の波動へと誘う奇跡のパワーアートグッズ。

シリウスＢの皇帝とネオシリウスの女王が降臨！
88次元 Fa-A ドクタードルフィン 松久正氏が、自身のエネルギーそのものである高次元のエネルギー、高次元存在、パラレル存在であるシリウスＢの皇帝と、ネオシリウスの女王のエネルギー体を降臨させ、エネルギーを封入！
新進気鋭の曼荼羅アーティスト茶谷洋子氏とのコラボレーションにより、高次元ネオシリウスのエネルギーがパワーアートとなり３次元に形出しされました。

あなたの DNA レベルからエネルギーを書き換える！
二極性ゆえの問題、苦しみ、悩みから自らを解き放つとき、
存在していたはずのネガティブ要素は、瞬時に宇宙へと消えていく！

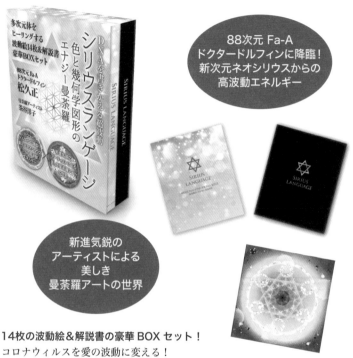

見つめる、身体につける、持ち歩くだけ！
二極性ゆえの“人類劇場”に直接作用し
高次元昇華する14枚の人生処方箋！

【地球人が救いを必要とする14のテーマ】

1、不安・恐怖
2、悲しみ
3、怒り
4、愛の欠乏
5、生きがいの欠如
6、生きる力の欠如
7、直感力の低下
8、人間関係の乱れ
9、自己存在意義の低下
10、美容
11、出世
12、富
13、罪悪感
14、能力

これが
シリウスランゲージのエネルギー曼荼羅カード！

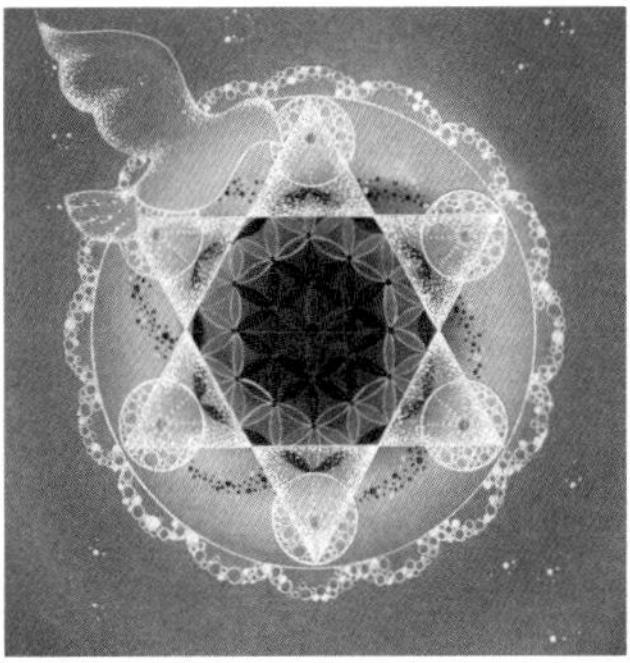

真実の愛と調和を伝えた奇跡の対談!!
動画配信(&DVD販売予定)
衝突する宇宙でお前の魂をつなぎかえてやる!

出演者:ドクタードルフィン 松久正 VS アマミカムイ 天無神人
動画配信(DVD 販売予定):予価 11,000円(税込)
発売日、内容等に関する詳細はヒカルランドホームページにてお知らせいたします。

あなたがあなたを大好きと言って何が悪い?!
あなたはあなたしか愛せないと言って何が悪い?!
あなたがあなたを最大限に愛さなければ誰が愛する?!

ヒカルランドパーク取扱い商品に関するお問い合わせ等は
電話:03−5225−2671(平日10時−17時)
メール:info@hikarulandpark.jp　URL:http://www.hikaruland.co.jp/

*ご案内の価格、その他情報は発行日時点のものとなります。

【4/8(水)・5/13(水)は終了】

も効果的とは言えません。また、珪素には他の栄養素の吸収を助け、必要とする各組織に運ぶ役割もあります。そこで開発元では、珪素と一緒に配合するものは何がよいか、その配合率はどれくらいがよいかを追求し、珪素の特長を最大限に引き出す配合を実現。また、健康被害が懸念される添加物は一切使用しない、珪素の原料も安全性をクリアしたものを使うなど、消費者のことを考えた開発を志しています。

手軽に使える液体タイプ、必須栄養素をバランスよく摂れる錠剤タイプ、さらに珪素を使ったお肌に優しいクリームまで、用途にあわせて選べます。

◎ドクタードルフィン先生一押しはコレ！　便利な水溶性珪素「レクステラ」

天然の水晶から抽出された濃縮溶液でドクタードルフィン先生も一番のオススメです。水晶を飲むの？　安全なの？　と思われる方もご安心を。「レクステラ」は水に完全に溶解した状態（アモルファス化）の珪素ですから、体内に石が蓄積するようなことはありません。この水溶性の珪素は、釘を入れても錆びず、油に注ぐと混ざるなど、目に見える実験で珪素の特長がよくわかります。そして、何より使い勝手がよく、あらゆる方法で珪素を摂ることができるのが嬉しい！　いろいろ試しながら珪素のチカラをご体感いただけます。

レクステラ（水溶性珪素）
■ 500mℓ　21,600円（税込）

●使用目安：1日あたり4～16mℓ

飲みものに
・コーヒー、ジュース、お酒などに10～20滴添加。アルカリ性に近くなり身体にやさしくなります。お酒に入れれば、翌朝スッキリ！

食べものに
・ラーメン、味噌汁、ご飯ものなどにワンプッシュ。

料理に
・ボールに1リットルあたり20～30滴入れてつけると洗浄効果が。
・調理の際に入れれば素材の味が引き立ち美味しく変化。
・お米を研ぐときに、20～30滴入れて洗ったり、炊飯時にもワンプッシュ。
・ペットの飲み水や、えさにも5～10滴。(ペットの体重により、調節してください)

【お問い合わせ先】ヒカルランドパーク

＊ご案内の価格、その他情報は発行日時点のものとなります。

ドクタードルフィン先生も太鼓判!
生命維持に必要不可欠な珪素を効率的・安全に補給

◎珪素は人間の健康・美容に必須の自然元素

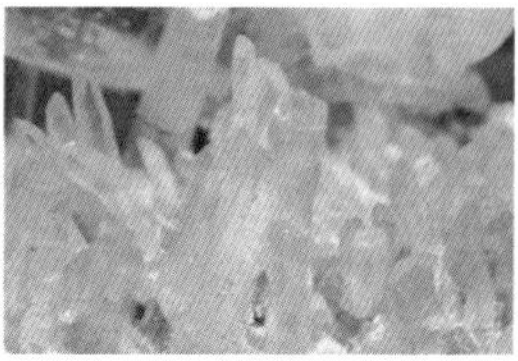

珪素（イメージ）

地球上でもっとも多く存在している元素は酸素ですが、その次に多いのが珪素だということはあまり知られていません。藻類の一種である珪素は、シリコンとも呼ばれ、自然界に存在する非金属の元素です。長い年月をかけながら海底や湖底・土壌につもり、純度の高い珪素の化石は透明な水晶になります。また、珪素には土壌や鉱物に結晶化した状態で存在している水晶のような鉱物由来のものと、籾殻のように微生物や植物酵素によって非結晶になった状態で存在している植物由来の２種類に分けられます。

そんな珪素が今健康・美容業界で注目を集めています。もともと地球上に多く存在することからも、生物にとって重要なことは推測できますが、心臓や肝臓、肺といった「臓器」、血管や神経、リンパといった「器官」、さらに、皮膚や髪、爪など、人体が構成される段階で欠かせない第14番目の自然元素として、体と心が必要とする唯一無比の役割を果たしています。

珪素は人間の体内にも存在しますが、近年は食生活や生活習慣の変化などによって珪素不足の人が増え続け、日本人のほぼ全員が珪素不足に陥っているとの調査報告もあります。また、珪素は加齢とともに減少していきます。体内の珪素が欠乏すると、偏頭痛、肩こり、肌荒れ、抜け毛、骨の劣化、血管に脂肪がつきやすくなるなど、様々な不調や老化の原因になります。しかし、食品に含まれる珪素の量はごくわずか。食事で十分な量の珪素を補うことはとても困難です。そこで、健康を維持し若々しく充実した人生を送るためにも、珪素をいかに効率的に摂っていくかが求められてきます。

こんなに期待できる！　珪素のチカラ

●健康サポート　●ダイエット補助（脂肪分解）　●お悩み肌の方に
●ミトコンドリアの活性化　●静菌作用　●デトックス効果
●消炎性／抗酸化　●細胞の賦活性　●腸内の活性　●ミネラル補給
●叡智の供給源・松果体の活性　●免疫の司令塔・胸腺の活性　●再生作用

◎安全・効果的・高品質！　珪素補給に最適な「レクステラ」シリーズ

珪素を安全かつ効率的に補給できるよう研究に研究を重ね、たゆまない品質向上への取り組みによって製品化された「レクステラ」シリーズは、ドクタードルフィン先生もお気に入りの、オススメのブランドです。

珪素は体に重要ではありますが、体内の主要成分ではなく、珪素だけを多量に摂って

「ドクターレックス プレミアム」、「レクステラ プレミアムセブン」、どちらも毎日お召し上がりいただくことをおすすめしますが、毎日の併用が難しいという場合は「ドクターレックス プレミアム」を基本としてお使いいただくことで、体の基礎を整えるための栄養素をバランスよく補うことができます。「レクステラ プレミアムセブン」は、どんよりとした日やここぞというときに、スポット的にお使いいただくのがおすすめです。

また、どちらか一方を選ぶ場合、栄養バランスを重視する方は「ドクターレックス プレミアム」、全体的な健康と基礎サポートを目指す方は「レクステラ プレミアムセブン」という使い方がおすすめです。

◎すこやかな皮膚を保つために最適な珪素クリーム

皮膚の形成に欠かせない必須ミネラルの一つである珪素は、すこやかな皮膚を保つために欠かせません。「レクステラ クリーム」は、全身に使える天然ミネラルクリームです。珪素はもちろん、数百キロの原料を精製・濃縮し、最終的にはわずか数キロしか取れない貴重な天然ミネラルを配合しています。合成着色料や香料などは使用せずに、原料から製造まで一貫して日本国内にこだわっています。濃縮されたクリームですので、そのまま塗布しても構いませんが、小豆大のクリームを手のひらに取り、精製水や化粧水と混ぜて乳液状にしてお使いいただくのもおすすめです。お肌のコンディションを選ばずに、老若男女どなたにも安心してお使いいただけます。

レクステラ クリーム
■ 50g　12,573円（税込）

●主な成分：水溶性濃縮珪素、天然ミネラル（約17種類配合）、金（ゴールド・ナノコロイド）、ヒアルロン酸、アルガンオイル、スクワラン、プロポリス、ホホバオイル、ミツロウ、シロキクラゲ多糖体
●使用目安：2～3か月（フェイシャルケア）、約1か月（全身ケア）

ヒカルランドパーク取扱い商品に関するお問い合わせ等は
電話：03−5225−2671（平日10時−17時）
メール：info@hikarulandpark.jp　URL：http://www.hikaruland.co.jp/

＊ご案内の価格、その他情報は発行日時点のものとなります。

◎植物性珪素と17種類の必須栄養素をバランスよく摂取

基準値量をクリアした、消費者庁が定める17種類の必須栄養素を含む、厳選された22の成分を配合したオールインワン・バランス栄養機能食品。体にはバランスのとれた食事が必要です。しかし、あらゆる栄養を同時に摂ろうとすれば、莫大な食費と手間がかかってしまうのも事実。医師監修のもと開発された「ドクターレックス プレミアム」なら、バランスのよい栄養補給ができ、健康の基礎をサポートします。

ドクターレックス プレミアム
■ 5粒×30包　8,640円（税込）

●配合成分：植物性珪素、植物性乳酸菌、フィッシュコラーゲン、ザクロ果実、ノコギリヤシ、カルシウム、マグネシウム、鉄、亜鉛、銅、ビタミンA・C・E・D・B_1・B_2・B_6・B_{12}、パントテン酸、ビオチン、ナイアシン、葉酸
●使用目安：1日あたり2包（栄養機能食品として）

◎珪素をはじめとする厳選した7成分で打ち勝つ力を強力サポート！

人体の臓器・器官を構成する「珪素」を手軽に補える錠剤タイプの「レクステラ プレミアムセブン」。高配合の植物性珪素を主体に、長年の本格研究によって数々の研究成果が発表された姫マツタケ、霊芝、フコイダン、β－グルカン、プロポリス、乳酸菌を贅沢に配合。相乗効果を期待した黄金比率が、あなたの健康を強力にサポートします。

レクステラ プレミアムセブン
■ 180粒　21,600円（税込）

●配合成分：植物性珪素、姫マツタケ、オキナワモズク由来フコイダン、直井霊芝、ブラジル産プロポリス、乳酸菌 KT-11（クリスパタス菌)、β－グルカン（β-1, 3/1, 6）
●使用目安：1日6粒～

最終回のテーマは愛
すべてを溶かし溢れ出す愛のエネルギーを体感！

シリウス超医学出版記念
☆セミナー《第 3 回　愛と感情》
■12,222円（税込）

●出演：∞ ishi ドクタードルフィン
　　　　松久　正
●収録内容：魂の本質からの「愛」とは何かがわかるトークタイム／涙が自然と止まらない瞑想タイム／松果体のポータルが開いて、大宇宙の叡智が降り注ぐ感動のエンディング
●レンタル禁止、複製不能

∞ ishi ドクタードルフィン
松久　正 先生

慶應義塾大学医学部卒。整形外科医として現代医学に従事した後、米国で自然医学を習得。帰国後、鎌倉ドクタードルフィン診療所を開業。国内外より患者を集め、新規予約は数年待ち。現代医学・自然医学に量子科学、スピリチュアルなどを融合した新しい医学を創造している。

高次元 DNA コード
■1,815円（税別）

シリウス超医学
■1,815円（税別）

ヒカルランドパーク取扱い商品に関するお問い合わせ等は
電話：03−5225−2671（平日10時−17時）
メール：info@hikarulandpark.jp　URL：http://www.hikaruland.co.jp/

＊ご案内の価格、その他情報は発行日時点のものとなります。

ヒカルランド　好評既刊！

地上の星☆ヒカルランド　銀河より届く愛と叡智の宅配便

高次元シリウスが伝えたい
水晶（珪素）化する地球人の
秘密
著者：ドクタードルフィン 松久 正
四六ソフト　本体 1,620円+税

ドクター・ドルフィンの
シリウス超医学
地球人の仕組みと進化
著者：∞ishi ドクタードルフィン 松久 正
四六ハード　本体 1,815円+税

シリウスがもう止まらない
今ここだけの無限大意識へ
著者：松久 正／龍依
四六ソフト　本体 1,815円+税

ペットと動物のココロが望む
世界を創る方法
著者：ドクタードルフィン 松久 正
四六ハード　本体 1,815円+税

かほなちゃんは、宇宙が選んだ地球の先生
ドクタードルフィン松久正×異次元チャイルドかほな
著者：かほな／松久 正
四六ソフト　本体 1,333円+税